AF502143

DE LA DÉMOCRATIE EN FRANCE

TENDANCES INSTINCTIVES NATIONALES

ET

PRINCIPES DÉMOCRATIQUES

POUVANT NUIRE A LA DÉMOCRATIE FRANÇAISE

PAR

Paul DUPUY

PROFESSEUR A LA FACULTÉ DE MÉDECINE DE BORDEAUX

BORDEAUX

IMPRIMERIE G. GOUNOUILHOU

11, — RUE GUIRAUDE, — 11

1882

DES

TENDANCES INSTINCTIVES NATIONALES

ET DES

PRINCIPES DÉMOCRATIQUES

POUVANT NUIRE A LA DÉMOCRATIE FRANÇAISE

PAR

Paul DUPUY

PROFESSEUR A LA FACULTÉ DE MÉDECINE DE BORDEAUX

BORDEAUX

IMPRIMERIE G. GOUNOUILHOU

11, — RUE GUIRAUDE, — 11

1882

PRÉFACE

Dire la vérité aux maîtres de la terre a toujours été chose malaisée et de rare usage. C'est pourtant la meilleure manière de les servir.

Le peuple devenu souverain paraît aussi avide d'hommages et de flatteries que ses devanciers. On le croirait du moins à l'ardeur empressée que l'on met à lui plaire. Le journalisme, *a Jove principium,* veut être l'écho de l'opinion et s'applique d'ordinaire à rechercher ou à conserver la faveur du public, beaucoup plus qu'à l'éclairer et à le guider dans la bonne voie. Pareille tâche est d'ailleurs généralement au-dessus de ses forces. La plupart des carrières ont une préparation sérieuse, celle-ci s'improvise presque toujours. — D'autre part, quiconque aspire à entrer dans la vie politique par la grande porte de l'élection, a pour objectif essentiel de triompher de ses compétiteurs, et on le voit rivaliser avec eux en promesses de tout genre : conduite qui pousse à l'exagération des programmes, en bannit l'esprit de modération et de sagesse. Si le candidat ne dépasse point le niveau moyen des masses, il se dit, et cela suffit pour le mettre en paix avec lui-même, qu'il est aux ordres des électeurs et doit conformer scrupuleusement ses actes à leur volonté, puisqu'il aspire à être leur représentant. Mais l'homme éclairé, instruit, dont la tête domine la foule, l'homme pouvant rendre de véritables services à son pays, par le fait même de sa supériorité, n'est-il point sollicité, en vue du succès poursuivi, à faire abstraction de ses connaissances propres, de ses convictions personnelles et à subordonner tout ce qu'il y a de mérite et de valeur en lui à des opinions irréfléchies, à des ignorances profondes? En effet la plupart des questions, par leur étendue, leur complexité, dépassent la compétence du grand nombre. D'où l'on voit et l'immoralité du mandat impératif et son ineptie certaine. Son immoralité, parce qu'il contraint le candidat à choisir entre son intérêt et sa conscience; son ineptie, parce que, de cela seul que l'on peut avoir la capacité requise pour désigner un mandataire, on n'est nullement, *ipso facto,* en mesure de se prononcer soi-même sur l'ensemble des travaux qui s'imposent à un représentant de la nation. Le corps électoral est incapable de tracer rigoureusement au député la voie qu'il doit suivre.

On manœuvre actuellement pour amener les programmes à passer sous les fourches caudines du mandat impératif, et il n'y a vraiment là qu'une conséquence toute naturelle du fait que le candidat semble se mettre de plus en plus à la merci des électeurs. Il veut être uniquement leur porte-voix, l'interprète autorisé et fidèle, humblement fidèle de leurs sentiments, quelque chose comme une épreuve photographique. Il ne saurait donc sortir des termes du programme qu'il s'est laissé imposer, quitte à lui de se mettre d'accord avec lui-même. Qu'il me soit permis de citer à ce propos ce que disait, pour expliquer sa pratique parlementaire personnelle, un député à un sénateur qui lui en témoignait quelque surprise : « Je vote toutes les sottises imaginables parce que je sais, en premier lieu, que mes électeurs seront contents, et ensuite parce que le Sénat est là pour mettre bon ordre aux erreurs commises. » C'est ainsi que ce député se mettait à l'aise avec sa conscience. Serait-il le seul, parmi ses collègues, dont la bouche pût proférer d'aussi tristes aveux?

Il y a là une situation dangereuse et grave au premier chef pour le pays et pour la démocratie. Pour le pays qui est menacé d'être désorganisé, sous prétexte de progrès et de réformes malentendues, tandis qu'il pourrait s'agir en réalité de véritables œuvres de décadence et de ruine. Pour la démocratie, qui serait bientôt lasse de sentir un obstacle permanent à ses impulsions peu éclairées, et qui supprimerait ou annulerait le Sénat, afin de se livrer en toute liberté à ses propres fantaisies. Le châtiment ne se ferait point attendre, et l'aveugle troupeau, une fois de plus, donnerait tête baissée dans l'abîme grand ouvert devant lui.

Cet état de choses est parfaitement connu et apprécié par les ennemis de nos institutions, qui comptent sur les fautes commises et à commettre pour amener le retour du pays à la monarchie et aux idées cléricales. Plus loin, veille dans l'ombre l'ennemi héréditaire, guettant la proie que l'avenir pourrait bien lui réserver si nous conspirions ainsi contre nous-mêmes et contre la patrie. Il n'est point douteux que dès aujourd'hui, et dans la mesure indiquée, les républicains n'aient déjà justifié l'espoir de leurs adversaires. Suivant certaine expression, malheureusement trop vraie, dans l'espèce, la démocratie a du plomb dans l'aile. A une conduite qui savait allier l'énergie à la prudence, la force à la modération, a succédé une politique qui n'est ni sage, ni prudente, ni vraiment modérée. La liberté pour tous n'est plus ni goûtée ni comprise, le droit collectif tend de plus en plus à refouler le droit individuel, les personnalités s'effacent, les caractères disparaissent ou s'aplatissent devant le Dieu du jour. Le grand murmure du suffrage universel étouffe la parole sur les lèvres qui vont s'ouvrir: on craint de dire hautement et fermement la vérité telle qu'on la voit, et l'on prend pour règle de se laisser porter par le flot des tendances instinctives, de s'abandonner au courant général sans prendre garde où il porte, et sans vouloir s'avouer clairement à soi-même que la catastrophe est au bout.

Comme il y a fagot et fagot, il y a république et république. Cette forme politique n'a pas été prématurée en Suisse, car à vrai dire elle y a existé de tous temps, sous des formes diverses, malgré la domination romaine et plus tard le règne de la tyrannie féodale. En France, la république s'est élevée sur un terrain aussi mal préparé que possible. Elle peut y vivre néanmoins, comme nous le prouve l'exemple de ces dernières années, mais à une condition, savoir d'être résolûment parlementaire.

Parlementaire... Voilà un mot qui sonne mal aux oreilles des ennemis de la liberté et à celles des amateurs du gouvernement direct. Le fait qu'il exprime ne s'en impose pas moins comme une impérieuse nécessité. Nous sommes incapables matériellement, intellectuellement, moralement de tout système un peu étendu de gouvernement direct. Nous ne saurions même supporter le régime plébiscitaire sous la forme *ad referendum*. Nous en avons donné des preuves suffisantes sous le second Empire, c'est-à-dire hier. Plusieurs millions d'hommes ne trouvent point d'un jour à l'autre et simultanément leur chemin de Damas. Donc si le pays arrive à comprendre la voix de la sagesse, il confiera le soin de ses affaires à ceux que leur compétence éclairée, leur honorabilité rendent dignes d'une mission si haute.

Mais alors, vont s'écrier les courtisans de la foule, c'est du patronage intellectuel et moral que vous avez en vue ; ce sont de vrais conducteurs dont vous voulez pour le peuple, le peuple dont l'inspiration est toujours si sûre et le sens toujours si droit. Oui, sans doute, car si le souverain que l'on flatte à cette heure est en réalité incapable de se diriger lui-même, ne faut-il point recourir à la direction des plus autorisés, afin d'éviter les périls à courir par la chose publique, quand on remet les rênes au premier Phaéton d'aventure.

La France est placée entre deux voies à suivre. Consciente des exigences de sa propre civilisation et désireuse d'y approprier la démocratie, veut-elle du mandataire gardant sa personnalité, sa supériorité intellectuelle et morale? Ou bien préfère-t-elle, pour se rapprocher de l'esprit des traditions primitives, le mandataire dépouillé de tout ce qui est lui-même, et devenu l'humble écho d'une volonté générale qui ne saurait être, dans nos conditions mentales actuelles, que l'ignorance s'affirmant, la passion s'abandonnant? C'est au pays qu'il appartient de choisir. De cette décision suprême dépendent les destinées et le long avenir de la démocratie en France.

Un sentiment vif et profond de l'état présent des choses m'a inspiré les pages suivantes.

DES

TENDANCES INSTINCTIVES NATIONALES

ET DES

PRINCIPES DÉMOCRATIQUES

POUVANT NUIRE A LA DÉMOCRATIE FRANÇAISE

Je vais commencer l'examen de mon sujet par l'étude des tendances instinctives, démocratiques ou non, inhérentes au caractère national. Elles sont de nature très diverse, mais susceptibles de se prêter un mutuel appui pour exercer une action funeste dans notre patrie. Telle est la thèse dont j'essaie tout d'abord de donner la démonstration.

TENDANCES INSTINCTIVES NATIONALES

CHAPITRE Ier

L'Esprit de tradition.

La Révolution française, dans ce qu'elle a d'original, a été une insurrection du présent contre le passé, une protestation du droit s'affirmant contre la force, qui ne doit plus être que le serviteur du droit. Mais concurremment elle a fait appel à beaucoup de traditions de l'ancien régime, parce qu'elle a pu le renverser, mais non lui substituer, à tous égards, des matériaux absolument nouveaux. Tel est le fait capital, très clairement établi par M. de Tocqueville [1] et sur lequel je reviendrai plus tard. Nul ne peut supprimer l'histoire, et, lors même qu'on la condamne, il faut compter avec elle, car on est souvent conduit à la copier servilement, parfois sans s'en douter.

Il y a là un exemple du poids énorme dont pèsent sur les générations contemporaines les siècles passés. Je n'insiste pas davantage sur ce point de vue et veux signaler une autre influence connexe dont la portée est exclusivement morale. Notre pays a subi un véritable entraînement de la part des doctrines catholiques pendant près de deux mille années, et, pour se faire une idée juste d'un facteur pareil et de sa puissance, il faut l'étudier dans le catholicisme lui-même, voir le rôle qu'il y joue. Chacun sait que la tradition est devenue pour l'Église romaine un élément essentiel, un intérêt vital de premier ordre. C'est par la tradition qu'elle légitime son état présent, lorsqu'on le compare aux premières origines écrites du christianisme, soit qu'on fasse intervenir dans celui-ci la doctrine de l'évolution, comme Newman, soit qu'on lui attribue une formule immuable, dès son premier jour, formule dont les doctrines modernes ne seraient que l'expression adéquate. L'esprit comme la lettre d'une telle doctrine, c'est l'affirmation superbe, c'est la foi aveugle dans des principes posés comme absolus, et auxquels doit se

(1) *L'Ancien Régime et la Révolution.*

plier le cours de notre vie entière. On ne saurait concevoir une plus fâcheuse initiation à la liberté morale et politique, à l'exercice des droits de l'homme et du citoyen. Le catholicisme en religion a enfanté le radicalisme jacobin en politique. C'est tout un pour le fond du caractère, les tendances et les allures, autrement dit la méthode. La matière des convictions seule a changé.

Le fait que j'énonce est devenu comme un lieu commun, une vérité banale pour les esprits éclairés. Je n'insiste point.

L'influence de la tradition catholique et du genre spécial d'esprit qu'elle a créé chez nous, ont eu une autre action qu'il est nécessaire de signaler et de faire comme toucher au doigt. L'Église romaine n'admet aucune discussion sur les bases qui lui servent d'assises fondamentales. Pleine aujourd'hui encore, à ce qu'elle pense, de l'esprit de Dieu, elle en invoque surtout la libérale effusion sur ses origines. De là le caractère plus particulièrement auguste et sacré des premières périodes de son histoire. — Or, la Révolution française a été comme une foi nouvelle pour notre pays, et à cette foi on a dû appliquer et on a appliqué la méthode catholique. C'est ainsi qu'on a voulu faire de cette grande tentative de rénovation politique et sociale une œuvre sacro-sainte. Quand on a parlé de l'œuvre des législateurs de 89, des principes qu'ils ont formulés, des règles qu'ils ont appliquées, on croit avoir prononcé en dernier ressort avec la parfaite sécurité d'un pape définissant un dogme *ex cathedrâ*. 89 est la loi et les prophètes.

Ce pauvre pays de France n'a point le vrai sens de la critique, il est trop catholique pour cela! Il ne saurait comprendre que l'œuvre de 89 est le fait d'hommes faillibles comme les autres, et que les canons révolutionnaires ne sont pas plus à l'abri d'une erreur que ceux d'une Église quelconque.

Je me contenterai d'en donner quelques preuves palpables. La première a trait à la négation du droit individuel d'association, droit aussi naturel, aussi respectable que tout autre, à la condition que les petites sociétés auxquelles il donne le jour ne soient point un danger pour la grande. Il y a près de cent ans que, sous l'influence de craintes chimériques de retour vers le passé, notre pays est entré sous ce rapport dans une voie fâcheuse qui a été pour les classes pauvres industrielles une vraie calamité [1]. Le bien a été empêché, les esprits se sont laissé entraîner dans de fausses directions. Au lieu de rechercher dans le palladium de l'action collective et de l'assurance mutuelle une amélioration certaine à leur sort, les ouvriers ont été conduits à prêter une oreille crédule aux apôtres de la grande liquidation sociale.

Une autre preuve est le principe de l'élection appliqué au recrutement des juges. Les résultats en furent généralement déplorables, judiciairement et politiquement parlant; on dut y renoncer après un essai de quelques années. Or, comme j'aurai occasion

[1] La loi du 14-17 juin 1791 n'interdit, il est vrai, les associations que parmi ceux de la même profession. Elle a suffi, avec la surveillance inquiète du pouvoir exercée sous l'Empire, pour affaiblir dans une très forte mesure le mouvement qui se prononçait pour l'établissement de sociétés de secours mutuels.

de le dire plus tard, certains esprits de nos jours veulent revenir à ces traditions parce qu'ils les trouvent dans la Révolution française, sans se préoccuper absolument en rien de la critique des résultats qui ont formellement condamné chez nous l'institution. On prend le fait comme un dogme qui s'impose à cause de l'époque où il s'est produit, époque où l'on sortait d'un ordre de choses et où on n'avait aucune expérience de l'ordre nouveau qu'on préconisait, savoir : de faire procéder toutes les magistratures de l'élection populaire.

Une dernière preuve est plus saisissante encore. Il n'y a pas eu seulement 1791, il y a eu aussi 92 et même 93. Or, la pensée populaire associe volontiers toutes ces dates, accorde même une véritable faveur à la dernière. Et toutefois, on ne saurait le proclamer trop haut, 93 est la fin non de la liberté politique, mais des libertés et des droits inhérents à la personne humaine. Tout ce qu'il y a de plus sacré, de plus auguste dans la Révolution française rentre dans les ténèbres du passé, l'ancien régime revit dans les saturnales sanglantes de ces temps funestes : la raison d'État est redevenue souveraine, le but à atteindre justifie tout. L'action démoralisante de cette lugubre époque s'est étendue jusqu'à nos jours, et a imprimé le caractère le plus fâcheux à l'esprit et aux pratiques de l'école révolutionnaire. Les Montagnards sont les saints du nouveau culte, et, devant leur mémoire, pieusement on s'incline parce qu'il faut des saints à la foule, et qu'elle est toute pénétrée de l'esprit de tradition. C'est encore et toujours le catholicisme qui vit en elle.

CHAPITRE II

De l'Instinct autoritaire en France.

Il peut paraître singulier que je me propose de traiter, dans le sens affirmatif, une question pareille. Notre pays n'a-t-il point traversé des tourmentes sans nombre ? Révolutionnaire plus qu'aucun autre en Europe, il ne le cède vraiment sous ce rapport qu'à certaines républiques du Nouveau Monde. Agitations souvent stériles, brusques soubresauts, luttes ardentes, guerres civiles d'échelle petite ou grande, tout cela serait-il compatible avec l'existence vraiment sérieuse, chez notre nation, de l'instinct autoritaire ?

Un premier fait incontestable est le long servage intellectuel, politique, religieux, économique du peuple français. L'autorité collective avait fini par se concentrer tout entière dans la personne du Roi ; aussi faut-il reconnaître qu'en aucun point de ce monde, on n'a été plus réglementé, plus gouverné dans toutes les expressions possibles de la vie individuelle et collective. Il fallait, en terre de France, penser comme le roi, croire comme le roi. On n'y possédait son bien que par tolérance, comme une jouissance octroyée et toujours révocable. On y rendait la justice qu'il plaisait à Sa Majesté, car elle en était le principe et la source exclusive. On y semait quand il plaisait au roi et ce qu'il plaisait au roi ; on y vendait quand il plaisait au roi. On y mesurait à chacun la vie dans la proportion qui agréait au souverain, et le droit de travailler lui-même était un privilège que celui-ci pouvait vendre.

Quand un pays est tenu étroitement en lisière pendant une très longue période de son histoire, il est comme jeté dans un moule dont il conserve la durable empreinte. Les mœurs de la servitude façonnent à la longue un moral particulier qui, consacré, confirmé héréditairement par des habitudes séculaires, finit par constituer le caractère propre d'une nation. La proclamation de la liberté par la Constituante ne créait point les traditions, les tendances, non plus que le besoin et le goût de la liberté. Aussi, après un effort violent et quelque peu fébrile, après les affirmations altières de la raison revendiquant sa propre souveraineté, revint-on presque immédiatement, mais sous d'autres noms, aux pratiques de l'ancien régime, c'est-à-dire à la servitude.

Ainsi que l'a surabondamment prouvé M. de Tocqueville, la centralisation administrative, principal instrument de cette servitude, n'a point été l'œuvre exclusive de la Révolution et de l'Empire, qui n'ont été, sous ce rapport, que les continuateurs de l'ancien régime avec son Conseil du roi, ses intendants, son corps des ponts et chaussées, institution auguste dès lors (1). L'oligarchie municipale des villes était menée en laisse et la tutelle administrative n'y laissait rien à désirer. On ne pouvait faire quoi que ce soit sans un arrêt du Conseil rendu sur le rapport de l'intendant. Celui-ci règle ou fait régler tout, et son autorité est à vrai dire absolue (2). La paroisse rurale

(1) *L'Ancien Régime et la Révolution*, p. 49 et seq.
(2) *Ibid.*, p. 69.

a pu être définie par Turgot : « un assemblage de cabanes et d'habitants non moins passifs qu'elles. » M. de Tocqueville nous apprend que : « elle ne pouvait ni s'imposer, ni vendre, ni acheter, ni louer, ni plaider, sans que le Conseil du roi le permît (¹). » Le même auteur conclut ainsi : « Sous l'ancien régime il n'y avait ville, bourg, village, ni si petit hameau en France qui pût avoir une volonté indépendante dans ses affaires particulières, ni administrer à sa volonté ses propres biens. Alors, comme aujourd'hui, l'administration tenait donc tous les Français en tutelle (²). »

C'est encore à l'ancien régime que nous devons la création de la justice administrative, qui tempérait l'œuvre de la justice ordinaire lorsque le roi craignait de trouver celle-ci trop indépendante. On arriva ainsi par distraction et par évocation à établir que les juges ne peuvent se prononcer que sur les intérêts particuliers. Quand l'État est cause et partie, c'est à lui de prononcer. Mais là ne se borna point son rôle, pénétré qu'on était de la règle de la souveraineté du but, et aussi parce qu'engagé dans une mauvaise voie, on s'y avance de plus en plus. « Le juge ordinaire, disait un intendant, est soumis à des règles fixes qui l'obligent de réprimer un fait contraire à la loi ; mais le Conseil peut toujours déroger aux règles dans un but utile. » A la suite des émeutes, l'intendant, s'adjoignant parfois un certain nombre de gradués, constituait ainsi un tribunal et jugeait criminellement. Il y a eu des gens condamnés par ce tribunal aux galères et à la mort. Le fait n'est point

(1-2) *L'Ancien Régime et la Révolution*, p. 75, 76.

d'ailleurs étrange et sans corrélations, comme il peut le paraître au premier abord. N'est-il point de tradition en France que la justice procède de la personne du roi? Certain intendant pouvait dire, en toute vérité, le principe une fois admis : « Sa Majesté peut, quand elle le veut, se réserver la connaissance de toute espèce d'affaires, sans qu'elle puisse être comptable de ses motifs ([1]). »

Il n'y avait plus d'autre justice en France que celle qu'il plaisait au roi d'y tolérer.

La situation du pouvoir central était donc absolument exceptionnelle. Il était si haut placé que tout disparaissait à côté de lui. Il n'y avait à vrai dire de vie et de puissance que dans ses mains. Il était tout et l'individu n'était qu'un grain de poussière. Comment tous les yeux ne se seraient-ils pas tournés vers l'État comme vers une véritable providence? C'est du moins le rôle qu'on devait lui assigner et qui lui fut attribué généralement. La tyrannie jacobine, celle du premier Empire n'étaient que trop bien préparées; les cœurs, longuement façonnés à la servitude, n'avaient pu se faire en un jour aux mœurs de la liberté. Le caractère national se courbait docilement et instinctivement sous la main du pouvoir qu'il chargeait de toutes les fonctions à remplir. Obéir passivement, subir une tutelle étroite, se laisser envahir complètement à nouveau par le parasitisme administratif, tels ont été les fruits de ce que j'appelle l'instinct autoritaire en France. « Cette situation morale, d'après M. de Tocqueville, existe dans tous les esprits avant la Révolution, entre dans les habi-

[1] *L'Ancien Régime et la Révolution*, p. 78, 79, 80.

tudes et pénètre jusque dans la pratique journalière de la vie [1]. »

L'absorption des libertés locales par le pouvoir central arrivant à les supprimer de fait d'une manière complète, est donc une tradition certaine, d'abord subie, puis acceptée passivement dans notre pays. La sélection s'est faite, la tendance héréditaire a été constituée. Telle est la conséquence la plus évidente de l'œuvre monarchique dans les deux derniers siècles de notre histoire, venant confirmer et développer un précédent très grave datant de Charles VII. Le souverain se fit concéder la faculté d'imposer des tailles à son plaisir : « et à ceci consentirent les seigneurs de France pour certaines pensions, » dit Commines, qui ajoute : « Le roi chargea fort son âme et celle de ses successeurs, mit une cruelle plaie en son royaume, qui longtemps saignera. »

La puissance de cet instinct autoritaire a mis la province aux pieds de la capitale sous la Révolution, et on l'a vue toujours en suivre docilement le mot d'ordre. Toute tentative fédéraliste ou royaliste était fatalement condamnée d'avance. Révolutions et contre-révolutions sont toujours accueillies par le reste du pays comme l'étaient jadis les ordres du pouvoir royal. La caractéristique de l'ancien régime, on ne saurait trop le répéter, c'est l'arbitraire, le défaut de garanties pour l'individu; c'est le règne du bon plaisir, du *si veut le roi, si veut la loi*. Les Français étaient habitués depuis longtemps à laisser passer la justice du roi, et ils ne virent rien d'étonnant à ce que les Jacobins voulussent assurer, par

(1) *L'Ancien Régime et la Révolution*, p. 101.

le despotisme, le triomphe des libertés populaires. La Terreur a donc été le legs fatal de l'histoire de France à la Révolution, et les Montagnards, novateurs en théorie, demeurèrent, dans l'application, c'est-à-dire comme méthode, des hommes du passé [1].

Ce n'était point assez d'une centralisation toute puissante qui paralysait dans son germe l'action propre du citoyen. Il faut encore tenir compte de la centralisation religieuse qui avait à peu près étouffé l'œuvre de la Réforme dans notre pays. Si celle-ci eût triomphé elle aurait, par sa forme presbytérienne, assuré à la France un élément certain de vie indépendante et libre. Mais, grâce à l'union du trône et de l'autel, le protestantisme dut prendre le chemin de l'exil, et c'est à peine si en dehors de la révolte finalement étouffée des Cévenols, on en apercevait d'autres témoignages que des lueurs fugitives. Le niveau d'une double tyrannie avait fait fléchir toutes les têtes; on n'avait plus que des habitudes d'obéissance passive, l'instinct de la subordination à une autorité sans contrôle : l'instinct de la servitude.

Toute force et toute vie étant concentrées entre les mains de l'État, qui s'était substitué progressivement aux diverses manifestations de l'activité individuelle, il s'en est suivi, comme conséquence corrélative, et je reviendrai plus longuement sur cette question, le caractère commun des réformes économiques et sociales dès le siècle passé et dans le cours de celui-ci. On s'est adressé, tout d'abord, à l'action du

(1) Voir Quinet, *Révolution française*, t. I, p. 45, 47, 303, 310, 336, 361; t. II, p. 134, 136, 161, 335.

pouvoir central plus ou moins transformé, au gré des hypothèses, mais conservant toujours son rôle éminent de principe initiateur et de cheville ouvrière dans l'organisme nouveau à réaliser. C'est ainsi que s'est trouvé tout préparé le terrain pour les divers socialismes, à partir de celui de Morellet et en traversant le saint-simonisme et le positivisme pour arriver à M. L. Blanc.

Toutefois le Français n'est point socialiste de nature, il est même le contraire par le fait de la diffusion des propriétés mobilière et surtout immobilière dans notre pays. Mais étant donnée la République, il est naturellement jacobin. En tout cas il doit faire un véritable effort pour ne pas l'être, car il lui faut réprimer ses propres tendances, son caractère, la voix des impulsions instinctives s'il veut être vraiment libéral. Cet effort sera-t-il assez répandu, assez généralisé pour nous faire accepter une pratique sincère et complète du régime parlementaire? pour nous donner une notion saine et complète de la justice, trop souvent conçue comme l'égalité, tandis qu'elle est la corrélation de libertés égales entre elles? Préoccupés que nous sommes de la puissance et de la grandeur de l'État, nous oublions trop souvent qu'il y a aussi une égalité dans la servitude où nous conduit le règne de l'instinct autoritaire.

CHAPITRE III

De l'Esprit d'indiscipline.

A côté de l'instinct autoritaire, je dois placer immédiatement l'esprit d'indiscipline. Le premier est d'importation étrangère, il n'est point inné à notre race; c'est une habitude acquise et qui n'est devenue une seconde nature que grâce à l'œuvre lente et persévérante des siècles.

Le Gaulois tel que nous le représente l'histoire est la personnalité la plus accentuée et la plus chevaleresque de l'antiquité. Il a un sentiment très haut, très vif, très facilement irritable de sa valeur propre. Caractère d'une singulière énergie que nul obstacle n'étonne, luttant sans faiblir jamais, même en présence de la mort qui est incapable de l'effrayer, il est enthousiaste, plein d'imagination, d'humeur aventurière et singulièrement mobile et belliqueuse. Doué de facultés sensitives très développées, il a une grande mobilité d'impressions, fait qui néanmoins se marie très bien chez lui à l'énergie de la volonté. Il y a là un remarquable contraste.

Dans ces conditions la vie privée est en Gaule une lutte perpétuelle, le duel un incident de tous les jours. C'est ainsi qu'on se bat pour avoir le morceau d'honneur dans les banquets; on se bat aussi après les repas en guise de jeu. Les Gaulois tels qu'ils nous sont représentés, ne peuvent vivre ni les uns sans les autres, ni les uns avec les autres. Partout la rivalité est incessante entre les individus, entre les bandes guerrières, les clans, les tribus, les confédérations. Absence complète d'unité nationale.

Une si grande mobilité de génie, une personnalité si altière, si pleine du sentiment de sa haute valeur, ont conduit naturellement à peu près partout en Gaule à faire procéder de l'élection le pouvoir civil et le pouvoir militaire, souvent distincts. « Puissante race, mais faible société! Le principe de la décadence est dans l'excès des forces qu'elle tournera contre elle-même. Le développement énorme de la personnalité, de l'indépendance individuelle, que la religion surexcite au lieu de contenir, rend les Gaulois indisciplinables. Personne chez eux ne veut céder à personne : chaque homme s'estimant plus que tout autre homme, chaque tribu plus que toute autre tribu, il est impossible d'arriver nous ne disons pas à l'unité nationale organisée et centralisée, mais même à une association fédérale pacifique et régulière. On ne sait accepter ni la hiérarchie, ni l'égalité. La suprématie trop souvent flotte au gré de la force, dans la tribu, entre les associations privées; dans la nation, entre les tribus; dans la confédération et dans la Gaule entière, entre les nations [1]. »

Depuis lors, Rome est intervenue non seulement par ses lois, ses institutions politiques, mais aussi par ses institutions religieuses qui ont conservé le caractère impérieux, unitaire et dominateur de l'ancienne reine du monde. L'Église catholique a maintenu intacte cette tradition rompue par le moyen âge, civilement et politiquement, reprise sous ce dernier rapport par la monarchie et à son profit. De

[1] H. Martin, *Histoire de France*, t. I, p. 88.

là un singulier mélange, une véritable union des contradictoires dans le caractère français actuel, envisagé soit au point de vue individuel, soit au point de vue national. Peuple indisciplinable par temps et d'ordinaire très facile à gouverner, ayant subi le joug de l'autorité plus qu'aucun autre en Europe, mais ayant parfois des retours soudains, et alors ce sont des élans indomptables.

Il y a donc dans notre nation une double nature : l'une spontanée, dont le libre et puissant essor a régné sans partage avant la conquête romaine. Le fond gaulois, le tempérament gaulois est là à nu. Mais après cette conquête, et sous l'influence que j'ai indiquée, se produit une nature de seconde main artificielle, qui dompte la vraie, la primitive, et ne la supprime point, tout en l'altérant. Aussi voit-on éclater par temps cette dernière, sans suite ni consistance. C'est la *furie française* d'ordre individuel ou collectif. Et dans ce dernier cas on ne la retrouve point seulement sur les champs de bataille, mais aussi dans le domaine de la politique. C'est toujours la mobilité d'impressions des ancêtres, avec leur énergie indomptable en moins, car après de nobles élans, comme épuisés nous retombons impuissants, mous, masse inerte et passive que l'on fait alors mouvoir mécaniquement. La vertu singulière des ancêtres, leur énergie tenace dans la lutte nous font défaut, et nous ne savons plus être qu'extrêmes en tout, mais sans fixité dans notre vouloir. L'esprit de liberté, se livrant à l'exagération et à l'intempérance, est devenu l'esprit d'indiscipline. Ou bien nous sommes au calme plat, sans réaction et sans vie, moralement morts. La servitude semble décidément faite pour nous, son joug paraît nous plaire, lorsque tout à coup survient une explosion nouvelle, prélude de fâcheux écarts.

Ainsi il n'y a pas seulement, chez le peuple français, défaut de tempérament, de modération : caractère de race ; mais, par un singulier contraste, il y a en outre l'effacement moral, l'abdication de nous-même toujours prête à se montrer. Ce dernier caractère est vraiment acquis, puisqu'il n'existait point chez nos ancêtres gaulois, et nous ne pouvons l'attribuer qu'à la double influence de la Rome politique et de la Rome religieuse.

La présence dans la nation d'un instinct autoritaire profondément enraciné est favorable au fonctionnement facile du pouvoir, tandis que l'esprit d'indiscipline met obstacle, par nature, à l'existence même d'un gouvernement quelconque. Dans nos conditions politiques actuelles, on voit cet esprit impatient du frein, rebelle à tout joug, rejeter la suprématie, l'indépendance relative qui doivent appartenir, sous leur propre responsabilité, aux détenteurs de l'autorité publique. Or, si chaque citoyen proclame son autonomie personnelle, tout en réclamant la docile obéissance de ceux qui l'entourent, quel indescriptible émiettement ! quelle cohue sans nom de volontés discordantes ! Supposez par impossible une Chambre pénétrée de ces sentiments individualistes poussés à l'extrême, chacun y représentant non son pays, mais le clocher de sa paroisse, chacun y ayant l'œil obstinément fixé sur son comité électoral, ne voulant accepter la direction d'aucun ministère et votant à l'aventure, sans discipline et sans vue générale, serions-nous oui ou non en pleine anarchie? Et si jamais nous tombions aussi bas, *Dii avertant*, quel serait le sort réservé à nos institutions? quel serait le destin de la liberté que l'aveuglement criminel des uns, la coupable inertie des autres nous laisseraient ravir encore? A ceux qui ont des oreilles pour entendre, il est bon de dire que le pays tolèrera tout peut-être, sauf l'anarchie.

Je ne crois point qu'il soit nécessaire de développer cette idée, que l'esprit d'indiscipline, très différent de l'esprit de liberté, est ce qu'il peut y avoir de plus nuisible à une démocratie, et particulièrement à la démocratie française.

CHAPITRE IV

De l'Instinct égalitaire.

Cet instinct est l'un des plus puissants parmi ceux qui sont susceptibles de se développer dans une démocratie ou gouvernement du peuple par le peuple. Tout en ayant une raison d'être incontestable, il peut s'exagérer de manière à entraîner les inconvénients les plus sérieux.

Son premier effet est de produire la haine jalouse des supériorités de tout genre, non seulement de l'aristocratie de fortune, de situation, de naissance, de privilèges si l'on veut, mais même de l'aristocratie du mérite, privilège il est vrai, don de la nature à ses favoris. A Athènes on a vu cette préoccupation se produire ainsi que dans d'autres villes de la Grèce, par la crainte du retour de la tyrannie. Mais une analyse plus approfondie nous montre qu'il y a certainement autre chose encore dans le sentiment démocratique. Rappelons-nous ce paysan fatigué d'entendre appeler Aristide le Juste, et votant contre lui l'ostracisme, parce qu'il supportait impatiemment une supériorité dont il n'accusait et ne comprenait peut-être que le côté moral. C'est d'ailleurs le propre des maîtres de craindre les rivaux qui pourraient les gêner dans l'exercice de leur pouvoir. Les tyrans tels que les souverains absolus emploient volontiers le procédé de Tarquin pour tout ce qui leur porte ombrage. Les empereurs romains en firent un usage fréquent. Or la démocratie, elle aussi, a une tendance certaine à la tyrannie et s'y abandonne si rien, dans les institutions ou les mœurs, ne vient corriger une impulsion de nature.

Nous vivons en France sous un régime de mandataires élus, directement ou indirectement, par le peuple, et constitutionnellement sous le régime parlementaire. L'instinct d'égalité si répandu chez nous doit inévitablement se traduire dans le choix de la représentation nationale. Certains hommes vraiment supérieurs par le talent de la parole, dont l'imagination brillante saisit et séduit l'enthousiasme populaire, s'imposeront toujours, grâce à la fascination qu'ils sauront exercer. Mais il est manifeste que le suffrage universel n'ira point d'ordinaire à la recherche des meilleurs, des plus instruits, des plus capables; il s'adressera de préférence à ceux qui par leur infériorité, leur vulgarité se rapprocheront davantage du niveau commun. Une Chambre nommée dans un tel esprit, s'empressera même, sous prétexte d'empêcher le cumul, de faire des règlements électoraux consignant à sa porte ceux qui ont une pensée à eux et une volonté propre. Dans ces conditions générales, la jalousie perd en partie sa raison d'être et le mandataire n'est plus qu'une cire flexible entre les mains du nombre ou de ceux qui le dirigent.

Le gouvernement est affaire de science, non de volonté, ce que l'instinct égalitaire ne veut pas, ne peut pas comprendre. S'il le reconnaissait, il lui faudrait renoncer au mandat impératif, à la médiocrité voulue, cherchée de ses mandataires. Il lui faudrait admettre des supériorités, accepter leur rôle utile, bienfaisant. Il lui faudrait avouer par conséquent que l'intelligence fécondée par le travail et la moralité bien établie sont les premières conditions à rechercher dans les choix électoraux. Au lieu de cela, il se montre jaloux et défiant pour les lumières qui l'offusquent, et ne saurait souffrir l'opposition certaine qu'un homme intelligent et consciencieux est obligé parfois de faire à des volontés exprimant la passion beaucoup plus que la raison.

L'instinct égalitaire se rencontre dans toutes les démocraties, mais je suis loin de penser qu'il présente partout et au même degré des inconvénients aussi graves qu'en France. Il existe dans le monde deux démocraties très caractérisées et fonctionnant régulièrement : la Suisse et les États-Unis. Il est manifeste que s'il y a eu dans ces pays-là des vices qui sont inhérents à toute chose humaine, car l'ignorance et la passion peuvent altérer l'exercice des meilleures institutions, néanmoins les conséquences possibles que j'ai signalées ne s'y sont pas généralement produites. De ce fait il y a plusieurs raisons qui doivent entrer en ligne de compte. Aux États-Unis la multiplication des secondes Chambres qui existent dans les États, en même temps qu'il y a un Sénat central à Washington, a pallié beaucoup les effets fâcheux de l'esprit égalitaire de la démocratie. Les hommes vraiment supérieurs, ceux qui dirigent la politique extérieure du pays avec une habileté reconnue, occupent le plus grand nombre des sièges dans la Chambre haute, tandis que les médiocrités se donnent rendez-vous dans les secondes Chambres. Le niveau intellectuel n'y est point absolument inférieur, car les esprits y témoignent d'une intelligence pratique relative, mais ils n'en sont pas moins vulgaires et même grossiers. On voit donc les Américains obéir à la tendance naturelle de la démocratie qui proportionne la représentation au corps électoral. Or il s'agit là d'un peuple vraiment éclairé, qui a le sentiment très vif de la nécessité de répandre l'instruction publique, tâche à laquelle il satisfait largement.

En Suisse où la démocratie n'est pas moins caractérisée qu'aux État-Unis, malgré la physionomie radicale prise par la nation considérée dans son ensemble, il faut reconnaître que l'instruction générale y est suffisamment répandue pour corriger d'une manière très évidente l'un des inconvénients les plus accentués du régime démocratique. A cette action il faut joindre probablement une moralité générale vraiment exceptionnelle. De cette double cause résulte, jusqu'à maintenant, ce fait étrange de voir les fonctions électives attribuées ordinairement aux plus dignes, ou à tout le moins à des hommes d'une capacité reconnue. D'où il résulte qu'on ne peut pas dire sans réserves que l'instinct égalitaire conduise fatalement à la médiocrité ou même à la nullité des mandataires. Mais il faut mettre en compte, très expressément, les conditions propres au milieu que l'on considère et ne pas oublier que mon objectif est la France et le peuple français. Or intellectuellement nous sommes inférieurs, comme nation, aux États-Unis; intellectuellement et moralement nous sommes inférieurs à la Suisse. Donc, dans les meilleures conditions nous ne pouvons nous élever, en fait de représentation nationale directe, au-dessus de la médiocrité. Celle-ci même pourrait se rattacher à une étape bientôt franchie, et après laquelle nous marcherions au pas accéléré vers le régime des nullités (1).

Il est vrai que notre Constitution nous offre un palliatif fort important, un véritable correctif dans l'institution du Sénat recruté par le suffrage indirect. Aussi la Chambre haute n'est-elle nullement populaire dans notre pays, qui n'aime point les censeurs et qui ne voit dans ceux-ci qu'un frein mis ou à mettre à certaines entreprises plus ou moins réfléchies de la volonté et des passions du grand nombre. C'est pourquoi on parle beaucoup d'amé-

(1) J'ai exprimé la même crainte, il y a huit ans, dans mes *Études politiques*, p. 217.

liorer, de réformer le Sénat, et probablement de l'annuler.

Les remèdes aux vices inhérents à l'instinct égalitaire, qui marche à l'amoindrissement des hommes et des choses, sont à fixer non seulement dans les Constitutions — celles qu'on trouve gênantes se révisent, — mais encore doivent être réalisés par l'instruction, l'éducation, la moralisation du pays. La démocratie pour vivre doit être morale et éclairée, ou bien elle ne sera en France qu'un météore aux lueurs fugitives, qui traverse pour l'heure le ciel de la politique.

CHAPITRE V

De l'Instinct logique.

Notre langage est clair en France parce que notre pensée ne l'est pas moins. Or la lucidité dans l'esprit et son expression implique nécessairement la suite, l'ordre, l'enchaînement, la logique dans les idées. Le passage rapide d'un principe à ses conséquences est un fruit inévitable de pareille nature intellectuelle qui va d'elle-même, par spontanéité native, de l'évidence produite par la netteté d'une conception à la réalisation pratique de celle-ci. Il s'ensuit que lorsque nous avons fait du despotisme, nous l'avons fait très complètement, beaucoup plus qu'aucune autre nation européenne. Nul peuple n'a été plus comprimé, plus étouffé par l'action du pouvoir central qui, par l'exagération de son principe, avait substitué son existence à celle de la nation entière.

D'autre part, une fois entré dans la voie révolutionnaire, nous voyons le principe électif se traduire par une chambre unique, laquelle devait absorber rapidement la royauté, puis le même principe appliqué à la magistrature, incidemment à l'armée. Plus tard, le régime parlementaire disparaît comme trop indirect et est remplacé par le système conventionnel, qui lui-même dut être remplacé par la constitution de 93, d'après laquelle le peuple votait directement les lois qui lui étaient soumises par la représentation nationale. On ne put aller plus loin pour ne pas briser l'unité de la patrie, et aussi parce qu'on ne pouvait réunir tout le peuple français sur une place publique, pour y légiférer et y rendre la justice sans intermédiaire. L'œuvre logique fut donc menée à cette époque aussi loin que possible. Puis survint la réaction qui, par étapes progressives, nous entraîna au despotisme le plus absolu du gouvernement personnel. On fit alors également de la logique, mais en sens inverse. La tyrannie sans frein couronnée par l'invasion, fit renaître, bien que timidement, la liberté en France et nous essayâmes d'un système mixte, mis en pièces par la logique à deux reprises. Mais le triomphe obtenu par elle en 1848 fut de courte durée, et nous retombâmes au plus profond de l'ornière autoritaire. Le nouveau despotisme succomba sous ses propres excès, nous léguant comme antithèse funeste la commune, qui a failli, au nom de la décentralisation absolue, perdre définitivement le pays. Les derniers survivants du parlementarisme, l'illustre M. Thiers en tête, qui nous ont sauvés à cette époque, ont fait une république à leur image, laquelle choque singulièrement tous les instincts logiques de notre démocratie, c'est-à-dire du peuple français.

C'et instinct logique est maintenant à l'œuvre, et nous pouvons le constater dans le collectivisme et le jacobinisme. Le socialisme révolutionnaire, qui a généralement accepté la première formule, veut nous ramener à la commune primitive, et nous y ramener politiquement et économiquement : dernier point de vue qui fait sa force principale aux yeux de la population industrielle ouvrière. Dans cet état en raccourci, dans cette cité antique reconstituée sur le terrain de la civilisation moderne, on pourra comme jadis faire du gouvernement direct et de la justice directe. Pouvoirs législatif, exécutif et judiciaire, par un progrès à rebours que n'aurait jamais compris Montesquieu, seront réalisés et confondus dans les mêmes mains, procèderont d'une même volonté : celle de la commune elle-même. Non seulement la chose sera matériellement possible, mais il n'y a vraiment pas moyen de s'y prendre différemment si l'on veut faire de la logique à outrance, et arriver à l'idéal du gouvernement direct.

Nous sommes loin du point de vue du jacobinisme, qui est, lui, centralisateur avant tout. Quand il parle comme il lui arrive, parfois, de cet idéal du gouvernement direct, il est en contradiction formelle avec lui-même, car il est, lui, le représentant de la République une, indivisible, qui veut courber toutes les têtes sous le joug d'une règle uniforme. Pour atteindre ce but, que lui faut-il ? Un gouvernement fort, solidement centralisé, gardant sous clef les libertés communales, réduisant au minimum d'action les autorités administratives locales, sur lesquelles il ne peut exercer une pression complète. Il tend donc à concentrer, à unifier tous les pouvoirs. Partisan d'ailleurs du régime de la représentation ou gouvernement indirect, il veut le ramener à sa forme la plus élémentaire. Ne pouvant admettre l'existence d'un sénat et d'une présidence de la République que pour les annuler de fait, d'un ministère que pour l'annuler de fait, il substitue l'idéal conventionnel, l'omnipotence d'une assemblée unique au mécanisme complexe du système parlementaire [1]. Faire des ministres de simples chefs de division n'est-ce point chose éminemment démocratique? On y pourrait voir comme une conséquence éloignée de ce gouvernement direct, qui est, au fond, le principe essentiel de toute démocratie complète.

Nous sommes donc en présence de deux logiques : l'une procédant de l'État comme expression de la collectivité nationale, et l'autre procédant de la commune ou collectivité restreinte comme la cité antique. Le jacobinisme est donc unitaire et centralisateur, le collectivisme est l'émiettement sans limites, la négation de la patrie, la décentralisation absolue.

Les types extrêmes du jacobin et du collectiviste nous montrent l'instinct logique de notre race se donnant libre carrière dans des directions divergentes, bien que dans les deux cas le point de départ soit la collectivité. Le collectivisme a un caractère radical

[1] Je donne ici le type complet du jacobin, mais il est certain qu'on peut être parlementaire, tout en étant centralisateur et autoritaire.

assez tranché pour que je n'insiste point sur la rigueur et la conséquence absolue des conceptions qui lui sont propres. Mais il y a quelque intérêt à voir évoluer l'œuvre de la logique au sein du jacobinisme, système gouvernemental et autoritaire, qui n'est à vrai dire que l'ancien régime administratif sous l'étiquette républicaine. Je prendrai la nature sur le fait en exposant ce qui se passe pour la question du recrutement de la magistrature. — Les uns pensent que l'action du pouvoir central, exprimant seul légitimement la volonté du peuple, ne peut subir ni gêne, ni entraves, et que, par suite, il n'incombe qu'au gouvernement de choisir des juges dont il soit sûr, tant au point de vue du droit commun que de la justice administrative. — Les autres, jacobins mitigés, éclectiques, pensent au contraire qu'on doit employer un procédé tout différent. Puisque l'élection est à la base de notre système politique, il faut y avoir recours dans toutes les occasions où il y aura un recrutement à faire, pour les places dont l'autorité supérieure a disposé jusqu'à ce jour. Dans l'espèce, les électeurs nommeront leurs juges, de même que plus tard les administrés nommeront leurs préfets et sous-préfets, les soldats leurs officiers, et les écoliers leurs professeurs.

Tandis que le jacobin pur ne sort point de la donnée de l'autorité plénière de l'État, le jacobin mitigé nous montre une autre application de la logique. Celle-ci le conduit à vouloir pour la magistrature ou de l'élection directe ou de l'élection à deux degrés; à instituer un jury correctionnel, bientôt un jury civil. Mais on ne se demande point si le corps électoral a une compétence réelle, s'il consentirait même à se plier aux devoirs imposés par l'existence de ces nouveaux jurys. Tout cela est parfaitement secondaire, car il ne s'agit point d'être pratique, mais bien d'être logique et de se montrer homme de progrès, comme si le progrès était quelque chose d'absolu et toujours compatible avec la nature des choses dans un milieu donné. N'importe! On va droit devant soi, sous le spécieux prétexte que les principes l'exigent. Erreur profonde! car les vrais principes exigeraient la commune autonome, et le jugement par le peuple assemblé sur la place publique.

La nation française se trouve ainsi tirée en sens contraire par deux logiques ayant pour point de départ l'une la grande, l'autre la petite collectivité. Mais l'une des deux est et demeurera la plus forte, parce qu'elle est corrélative, en fait, avec la conception du droit de propriété, tel que l'a fait l'expérience des siècles et tel que l'a consacré la Révolution française. La grande majorité dans notre pays étant pour cette conception, l'action contraire du collectivisme sera complètement stérilisée par cela même. On ne pourra jamais en venir à un état politique intérieur qui soit en désaccord absolu avec l'état économique de la France. La logique du collectivisme viendra toujours se briser contre un instinct plus fort que toute la logique, savoir le sentiment de la propriété individuelle heureusement très répandue. Entre la commune autonome et la centralisation, entre le collectiviste et le jacobin, le peuple français ne saurait hésiter. L'état économique a sa corrélation politique, l'état politique a sa corrélation économique. Faire procéder, à titre précaire, la propriété de la commune, c'est la confisquer au profit de cette dernière; la faire procéder, d'après la donnée jacobine, de l'État dont la législation établit la propriété (principe faux d'ailleurs), c'est la conserver sous sa forme individuelle. L'instinct populaire ne s'y trompera jamais.

Malgré ses infidélités et ses inconséquences, relativement au principe de l'élection, le jacobinisme, grâce au correctif de notre état économique, est la vérité relative de la situation, suivant une remarque précédemment faite. C'est lui d'ailleurs qui cadre le mieux incontestablement avec les traditions politiques, religieuses, le tempérament, les mœurs du peuple français. Il est donc conforme à des tendances générales du caractère national.

Je viens de montrer certaines conséquences de l'esprit logique propre à notre nation en me plaçant à un point de vue très général. Je dois encore signaler, spécialement, une autre conséquence dont la valeur pratique n'est que trop évidente, et dont les jacobins comme les collectivistes paraissent avoir un médiocre souci.

On prétend supprimer, conformément aux règles de la logique, toutes les contradictions existant dans notre état politique et social. Le sénat, la magistrature, l'armée, l'enseignement, la mairie centrale de Paris, voilà un beau champ d'études et où notre esprit trouve ample matière à s'exercer. Malheureusement nous avons oublié un fait primordial auquel est liée l'existence même du pays. La lutte pacifique ou sur les champs de bataille, telle est la condition d'existence des peuples. 1870 nous a trouvés, si on veut tenir compte des exigences nouvelles de l'art militaire, en pleine absence d'organisation. Depuis lors nous avons fait beaucoup relativement au matériel, mais nous avons encore immensément à faire, comme constitution définitive de notre armée. Or de quoi s'agit-il quand on parle de réformes à accomplir à cet égard? Les programmes électoraux, les députés se préoccupent-ils tout d'abord de donner à la sécurité nationale les garanties impérieuses qu'elle exige? songent-ils à établir sur une forte assise notre puissance militaire? On pense à tout autre chose. D'abord au service de trois ans, parce qu'il convient à l'électeur, ensuite à faire de l'égalité à outrance, comme se l'imaginent ceux qui veulent bien accepter un *qui pro quo* vulgaire. Pendant que nous nous livrons ainsi à des tâtonnements misérables, arrêtés dans la voie à suivre, par les exigences de l'esprit logique, le Teuton conserve son avance, en améliorant son outillage, en perfectionnant son organisation militaire. Lorsque Mahomet II assiégeait Constantinople et se préparait à donner l'assaut à cette antique capitale d'une civilisation vieillie, l'histoire nous rapporte que les logiciens de l'époque s'y livraient à de laborieuses études, sur la nature créée ou non créée de la lumière qui enveloppait le Christ au Mont-Thabor.

CHAPITRE VI

De l'Esprit idéaliste.

Le Français est évidemment théoricien par nature. C'est un trait de caractère qui ne lui est point d'ailleurs exclusif, mais qui joue un rôle considérable dans son état mental et par conséquent dans l'histoire de ses destinées. On pourrait en donner pour raison d'être ce besoin de clarté et de logique dont je viens d'esquisser l'ébauche ; toutefois il y a certainement plus encore. Il faut ici faire la part d'une longue tradition de l'autorité monarchique, supprimant peu à peu toute expansion, toute évolution des éléments historiques existant au sein de la nation, à l'issue du moyen âge. A partir de Philippe le Bel commence à s'exagérer l'action du pouvoir central, prenant décidément les allures du despotisme ; et l'œuvre habilement et constamment poursuivie des légistes, dont j'ai cité la formule : *Si veut le roi, si veut la loi*, réussit à faire de la monarchie française un vrai gouvernement césarien. Une autre formule employée pour la première fois par François Ier : *Car tel est notre bon plaisir*, ne fut que la consécration du fait. L'action de ces éléments d'indépendance qui s'appelaient les Communes, le Tiers-État, le Clergé, la Noblesse, disparut successivement comme au contact d'un dissolvant universel. Bien que les noms fussent demeurés les mêmes, bien que les apparences ne fussent point trop dissemblables, il ne resta plus en réalité qu'un pouvoir un et indivisible, l'autorité absolument prépondérante d'un homme ne reconnaissant d'autre contrôle que celui de Dieu lui-même, dont il se donnait comme le mandataire direct et auquel seul il avait des comptes à rendre. C'est ainsi qu'on a pu voir se produire un fait inouï : le clergé national prenant fait et cause pour le souverain temporel contre son chef spirituel, dans ce qu'on a appelé, par antiphrase sans doute, les libertés de l'Église gallicane. Abominable hérésie aux yeux des catholiques du temps présent, dont l'imagination se refuse même à concevoir une faute aussi lourde. D'autre part les États-Généraux avaient disparu ; les Parlements se voyaient limités et contrôlés par l'action envahissante de la justice administrative ; la noblesse avait abjuré toute velléité d'indépendance et vivait des miettes tombant de la table du maître. Quant aux communes, Louis XIV y avait mis bon ordre, et toute administration autonome y était en réalité anéantie.

Donc au XVIIIe siècle il n'existait plus en France qu'une bureaucratie fortement centralisée sous les ordres du roi. L'État était tout et l'individu absolument rien. « L'État c'est moi » est la vérité la plus certaine de l'histoire.

Dans une pareille situation qui a eu pour fruit l'instinct autoritaire des masses, le penseur ne pouvait donner qu'une seule base possible à tous ses raisonnements ; il ne voyait partout que l'État et toujours l'État, puisqu'en dehors de lui il n'y avait rien. Il était donc fatalement conduit à omettre l'individu, ses droits, son rôle social, sa qualité de fait principe, à oublier d'entourer la liberté personnelle de garanties dont la principale est la liberté politique. On supprimait donc la base pratique essentielle et l'on raisonnait en prenant pour point de départ une abstraction, savoir l'État. M. de Tocqueville nous montre, dans son œuvre magistrale de *l'Ancien Régime et la Révolution,* que les écrivains français du XVIIIe siècle n'ont, jusqu'aux approches de la Révolution, aucune idée de la liberté politique. Tout le monde désire des réformes, personne ne va plus loin. Les économistes se signalent sous ce rapport. Quesnay, par exemple, condamne le gouvernement parlementaire et ne conçoit d'autre frein au despotisme que l'éducation publique. Turgot partage également cette idée. « L'État n'a pas uniquement à commander à la nation, mais à la façonner d'une certaine manière : c'est à lui de former l'esprit des citoyens suivant un certain modèle qu'il s'est proposé à l'avance, son devoir est de le remplir de certaines idées et de fournir à son cœur certains sentiments qu'il juge nécessaires. En réalité il n'y a pas de limites à ses droits ni de bornes à ce qu'il peut faire ; il ne réforme pas seulement les hommes, il les transforme ; il ne tiendrait peut-être qu'à lui d'en faire d'autres ! » « L'État fait des hommes tout ce qu'il veut, » dit Bodeau. Ce mot résume les théories de tous les économistes (1).

On peut comprendre sans peine Morelly faisant établir par la société, pour le bien des hommes, le communisme égalitaire le plus absolu. On peut comprendre les diverses tentatives du socialisme contemporain, qui cherche à organiser le bonheur

(1) De Tocqueville, *op. cit.*, p. 239, 240.

général, toujours dans la même donnée plus ou moins exclusive des droits de l'individu.

La France a donc eu, tout d'abord, sous les yeux un idéal d'ancien régime, faisant abstraction complète de l'individu. Puis, sous la double influence de Locke et de la révolution américaine, qui se constitua en termes généraux sur les principes essentiels de la philosophie de Locke, il s'y est joint un nouvel idéal : celui de la liberté personnelle et politique. Mais malgré la solennelle affirmation des droits de l'homme, ceux-ci ne tardèrent point à disparaître, car ils étaient en contradiction ouverte avec l'évolution politique, religieuse, économique de la France, et il ne resta plus bientôt que la liberté politique, expression des droits du citoyen. Mais le désaccord avec le passé, avec l'idéal centralisateur et anti-libéral de la France était trop complet pour que la liberté politique ne dût point disparaître à son tour. Le césarisme, d'après la logique des faits, était le couronnement naturel de la Révolution française. Toutefois, il y avait quelque part une semence, un germe immortel déposé dans le sol de la patrie. La notion du droit vivait toujours obscurément et devait provoquer encore de nouvelles et soudaines explosions.

L'histoire de la pensée comme celle des faits politiques nous montre le jeu antagoniste d'une double tendance. D'une part, un idéal d'ancien régime, et, d'autre part, un idéal assez mal défini, manquant de netteté et de précision, et ne comprenant guère que la liberté politique, sans faire une part suffisante à la liberté individuelle. Dès le premier Empire, époque de centralisation à outrance, c'est-à-dire d'un triomphe complet de l'idée dominante de l'ancien régime, un génie patient, inégal, doué d'une faculté d'intuition incontestable, mais au fond de peu de sens pratique, Fourier, avait déjà commencé l'exposition de son système. Contre-révolutionnaire, n'ayant nul souci de la liberté politique dont il avait vu les excès, il a prétendu réformer la société entière sur un type nouveau. C'est par là surtout, et non par un appel direct fait à l'État, qu'il se rattache à la conception générale et abstraite dont procédaient les économistes français du XVIIIe siècle, et Morelly lui-même. Il s'y rattache également par le caractère radical de ses conceptions et la foi naïve qu'il accorde à leur efficacité absolue. Étant donné son plan de réorganisation, du moment que les passions trouveront en elles-mêmes leur règle, qui est l'attraction; du moment que les attractions seront proportionnelles aux destinées, alors l'Humanité transformée, à jamais guérie des erreurs et des vices de la civilisation, trouvera dans l'harmonie sociétaire un bonheur sans mélange. Parallèlement à ce système où l'imagination tient une si large place, se produisit l'œuvre de Saint-Simon. Celui-ci est un autre contre-révolutionnaire, un aristocrate ayant l'instinct théocratique, et voulant organiser la société contemporaine, qui est en proie aux idées anarchiques du libéralisme. Dans ce nouveau système, dont le caractère est surtout économique, il doit y avoir deux pouvoirs : l'un spirituel, confié aux savants; l'autre temporel, confié aux grands industriels. Au fond, c'est de la ploutocratie. Je néglige les retouches faites par Saint-Simon à l'expression de ses idées, me contentant de rappeler qu'il invita le roi à se déclarer le premier industriel de son royaume et à consommer cette révolution par ordonnance royale. « Le progrès, dit-il, ne se fait que par deux moyens : les révolutions ou la dictature. Or, la dictature vaut mieux que la révolution. » C'est toujours l'utopie s'adressant à l'État pour réaliser ses propres chimères. La méthode reste la même.

On retrouve dans Saint-Simon la plupart des conceptions sociologiques d'A. Comte. Celui-ci nie nettement le droit naturel qui n'est pour lui qu'un principe antisocial. L'égalité lui est un obstacle. La liberté, même celle de conscience, n'a qu'un rôle provisoire : dissoudre le fétichisme théologique, puis elle doit disparaître avec l'état organique nouveau de la société tel que le conçoit le positivisme. La science sociale est une physique sociale qui a pour criterium de positivité la prévision des phénomènes, c'est-à-dire des événements. L'individu est une abstraction et la volonté ne joue aucun rôle dans le mouvement des sociétés. Celles-ci, hiérarchisées industriellement, esthétiquement, scientifiquement, doivent conserver l'ancienne distinction du spirituel et du temporel, le second subordonné au premier, représenté en Europe par le *Grand Comité positif occidental*, sorte de concile permanent de l'église positive (1). En un mot, le positivisme est un organisme très centralisé, analogue au catholicisme comme forme, mais en ayant supprimé le contenu : un catholicisme sans christianisme (suivant l'expression de Huxley) qui considère le gouvernement : « comme ayant pour destination de contenir suffisamment et de réprimer autant que

(1) A. Comte, *Cours de Philosophie positive*, t. VI, p. 544-545.

possible cette fatale disposition à la dispersion fondamentale des idées, des sentiments et des intérêts qui, si elle pouvait suivre sans obstacle son cours naturel, finirait véritablement par arrêter la progression sociale sous tous les rapports importants [1]. » Idéal d'ancien régime, idéal clérical, idéal dit scientifique, supprimant la liberté, l'égalité, le droit, tel est le type doctrinal du positivisme.

L'idéal de M. Louis Blanc relève des mêmes conditions mentales. Dans le passé, il est pour le catholicisme contre le protestantisme, pour la Montagne contre la Gironde, pour les Jacobins contre les libéraux. L'individualisme, pour ne pas dire l'individu, tel est son *delenda est Carthago.* Il veut mettre tous les éléments de la richesse publique entre les mains de l'État, qui en deviendrait le distributeur suprême, car les réserves faites au nom de l'intérêt particulier ne peuvent avoir qu'un caractère provisoire. C'est toujours, on le voit, la donnée capitale du XVIIIe siècle, alors que l'État était tout et que les économistes voulaient le charger de tout faire.

Le communisme de Cabet obéit à une inspiration analogue. On la retrouve aussi parfois chez Proudhon, malgré les affirmations contraires de cette nature si mêlée, mais vigoureuse et souvent pleine de sens. Ainsi, il a voulu faire déterminer la valeur par l'État, il a voulu lui faire organiser une banque d'échange. La gratuité du crédit, la suppression du numéraire, malgré la part de vérité contenue dans cette dernière prétention, la réduction à zéro du pouvoir central

(1) A. Comte, *Cours de Philosophie positive*, t. IV, p. 430.

sont dans un tout autre genre des preuves du tempérament idéaliste de Proudhon.

Toutes ces imaginations, toutes ces conceptions de métaphysique sociale ont été frappées de stérilité plus ou moins complète. Mais bien que ni Saint-Simon, ni Fourrier, ni A. Comte, n'aient été des moniteurs sérieux pour les masses populaires, il faut reconnaître que l'idéal commun qui les a dominés, celui d'une organisation nouvelle de la société entière, était, dans sa réalisation, fatalement subordonnée à l'action omnipotente de l'État, en concordance parfaite avec l'idée généralement répandue qu'il fallait tout attendre du gouvernement : notion chimérique et fausse procédant de l'ancien régime. On comprend dès lors la grande influence qu'a pu exercer un jour M. L. Blanc, et plus tard le collectivisme. C'est toujours, au fond, la société grande ou petite chargée de constituer un milieu social parfait, où chacun jouira d'une félicité pure, étant traité non proportionnellement à son travail, mais proportionnellement à ses besoins : dernier mot du genre.

La pensée des écrivains chefs d'écoles sociologiques, celle qui fermente obscurément au plus profond de la conscience de la nation, procèdent donc l'une et l'autre d'une source commune : dans les deux cas, il s'agit d'une conception générale abstraite de la société, conception d'après moi contre nature, car elle a pour type certain la notion autoritaire et autocratique de l'État, que nous a transmis l'ancien régime. On va du général au particulier, de l'abstrait au concret, sans avoir cherché à légitimer l'abstraction, à en établir le bien fondé. Application évidente s'il en fût de cette tendance idéaliste ou métaphysique dont l'esprit français a donné tant de preuves. Les conceptions de droit et de devoir existent-elles pour Fourier? Qu'est la notion de droit pour Saint-Simon? pour Comte surtout? N'a-t-elle pas été dénaturée par L. Blanc?

La notion du droit naturel omise, condamnée, pervertie par le socialisme, a cependant été conservée par les économistes de notre siècle. La liberté économique, le principe de la propriété sont des notions corrélatives de la liberté politique. De plus l'école révolutionnaire, assez peu soucieuse généralement de la liberté individuelle, n'a eu d'autre raison d'être que la conservation du dépôt sacré des libertés politiques. Malheureusement elle a toujours porté dans son sein une contradiction avérée, car elle a toujours tenu pour la centralisation administrative. La vie politique d'un peuple ramenée à l'action omnipotente de l'État, tel est le legs de la tradition monarchique d'abord, jacobine ensuite, legs qui est une menace permanente pour l'expansion des droits de l'homme. Nous avons vu et nous pourrions revoir la tyrannie s'exercer sous la démocratie, au nom des droits du citoyen. Le passé de la France, la conception purement idéaliste ou métaphysique de l'État, qui a tant de racines vivaces dans l'instinct national, constituent un danger très sérieux pour l'avenir de nos institutions, comme pour celui du pays lui-même. Il y a là une erreur funeste à combattre par des études plus approfondies, par une meilleure entente des questions. Ce que la pensée a fait jadis, de nos jours avec beaucoup plus de difficultés, car il ne s'agit plus de suivre le courant de l'évolution, mais de le remonter, la pensée peut et doit le tenter aussi. Il lui faut constituer un type du facteur politique et y conformer le type de l'État, en prenant pour point de départ l'individu, fait concret à analyser dans ses éléments constitutifs. Puis, plus tard, on passera à l'examen de la notion abstraite, celle de l'État.

C'est un changement complet de principe et de méthode. Le principe est un fait d'expérience directe ; la méthode consiste à observer d'abord, à généraliser ensuite. L'esprit idéaliste procède tout autrement.

Nous libéraux, qui sommes le petit nombre et qui partons de la personne humaine comme principe, non de la collectivité petite ou grande, nous avons donc aussi notre idéal et en poursuivons la réalisation. Mais refaire le tempérament intellectuel et moral du peuple français, substituer un autre principe à celui qui a guidé jusqu'à ce jour les déductions de son esprit, n'est certes point une œuvre médiocre et qui puisse être accomplie sans le concours du temps, ce facteur éternel des choses. Soyons patients, résolus, armés d'une volonté forte et, suivant la parole des Écritures : « Ayant mis la main à la charrue, ne regardons point en arrière. »

PRINCIPES DÉMOCRATIQUES

CHAPITRE VII

Le Gouvernement.

1. — *Le gouvernement direct.*

Il y a deux manières de comprendre un gouvernement démocratique, l'une que j'appellerai l'*ancienne* et l'autre la *nouvelle*. L'*ancienne* est celle des petites républiques du passé, dont on retrouve des exemples dans les petites républiques du présent et des traces parfaitement visibles dans la démocratie américaine. D'après cette ancienne manière, le gouvernement était, et est encore, plus ou moins direct. C'est ainsi qu'à Athènes le peuple assemblé faisait des lois et rendait la justice, il condamnait même Aristide à l'exil, plus tard Socrate et Phocion à la mort. C'est là le peuple se gouvernant lui-même, se gouvernant parfois assez mal, au gré de ses caprices et de ses passions, mais enfin se gouvernant. Au point de vue des principes absolus, pareil système est inattaquable, et au fond tel est le type qui s'agite sourdement au sein du parti radical. On le retrouve aussi avec netteté, précision, avec la poursuite fermement voulue de sa réalisation chez les socialistes, les communistes ou les collectivistes, qui prétendent ramener l'État moderne à la cité, c'est-à-dire à la commune antique.

De nos jours cette ancienne manière, ou le gouvernement direct du peuple par lui-même, existe plus ou moins mitigée dans les petits cantons de la Suisse, là où subsiste encore l'*Almend*, c'est-à-dire la propriété collective communale. On le retrouve aussi dans le système plébiscitaire, lorsqu'il s'agit de réviser les lois, ou de les faire approuver. C'est ainsi que les choses se passent fréquemment dans la Suisse entière.

En Amérique règnent encore les mêmes pratiques dans le système communal, où les *select men* ne prennent spontanément aucune mesure administrative importante, et en appellent souvent à la décision des électeurs, ce qui rend l'action de ceux-ci aussi directe que possible. On a été pourtant obligé de renoncer à l'application du système dans les grandes villes où l'on ne peut réunir, dans un même local, des dizaines ou des centaines de milliers de personnes. Il a fallu recourir à la nomination de conseillers municipaux fonctionnant dans les conditions habituelles, en d'autres termes au régime parlementaire.

Nous sommes donc en présence de deux systèmes très distincts : la nation faisant ses affaires elle-même, sans mandataires, et la nation se faisant représenter ayant des mandataires. De plus, il y a un système mixte.

Le peuple faisant ses affaires directement ne peut se concevoir que dans les petites agrégations d'hommes, c'est-à-dire quand la nation n'existe point.

Tel était le cas de la cité antique, et tel est, sur une échelle un peu plus grande, celui de ces petits groupes, formant les cantons primitifs de la Suisse. D'autre part, quand il s'agit d'un grand peuple et des populations nombreuses des vastes cités, quand on a affaire aussi à un niveau intellectuel et moral d'ordre inférieur, parfois très inférieur, alors il faut de deux choses l'une, ou émietter le pays en le convertissant en un vaste ensemble de communes, et telle est l'idée des collectivistes et des communistes; ou le conserver tel qu'il est et alors se résoudre à faire du gouvernement indirect pur ou mitigé.

Voulez-vous de la commune autonome, seul moyen de faire du gouvernement direct complet ? Soit, mais alors c'est la fin de l'unité nationale, la fin de la puissance du pays, la fin de la France qu'au nom de principes absolument vrais et parfaitement inapplicables, dans les conditions où nous sommes, vous précipitez vers une ruine certaine, à moins d'obtenir que les Allemands ne commencent les premiers à se transformer de la sorte, et après eux tous nos voisins. Sans cela, la France étant dissoute, pulvérisée, chacun d'eux prendra la partie qui sera à sa convenance, et y supprimera la commune autonome, au nom du droit du plus fort. Telle serait la conséquence de cette grande pensée : Périsse la patrie plutôt qu'un principe!

Le caractère nuisible en France du principe éminemment démocratique, et *à priori* inattaquable du gouvernement direct, peut se reconnaître par un raisonnement d'un autre ordre. La raison d'être essentielle de l'institution du corps politique est la défense et la sauvegarde de nos droits, c'est-à-dire de nos libertés. En prenant les choses, dans leur donnée première, nous sommes conduits à reconnaître que la volonté individuelle, source de la liberté collective, est le fait original et initiateur de la constitution de ce corps politique, lequel a d'ailleurs plusieurs expressions : il est exécutif, législatif, judiciaire. L'individu, d'abord, puis la collectivité, comme conséquence, sont le point de départ de tous les pouvoirs sociaux.

Or si nous faisons du gouvernement direct, quelle sera la suite fatale de cette situation ? Ce sera la confusion dans les mêmes mains des pouvoirs délibératif, exécutif et judiciaire. Cette confusion des pouvoirs n'a eu pour effet ordinaire que la tyrannie du nombre, la plus épouvantable de toutes, ou celle d'un seul, c'est-à-dire la suppression de la liberté. Telle est la conséquence à rebours de l'institution du corps politique, lorsque celui-ci procède exclusivement par le gouvernement direct (à moins qu'il ne le fasse sur une très petite échelle et dans certaines conditions de moralité générale tout à fait exceptionnelles). On jouit, il est vrai, de la liberté politique la plus entière, mais les autres droits de la personne sont dans un péril imminent. Donc, plus le gouvernement est direct, moins la liberté de la personne est sauvegardée, moins la raison d'être du corps politique est satisfaite.

II. — *Le gouvernement indirect par ou mitigé.*

C'est ainsi que nous sommes conduits à préférer, pour notre pays, le système politique opposé au gouvernement direct. Il a été opportun, c'est-à-dire d'une sagesse imposée par l'histoire du passé, par l'observation du présent, d'agir dans cette donnée. On a donc fondé chez nous le gouvernement parlementaire, qui, avec la distinction des pouvoirs, accorde un jeu plus facile et plus libre à l'individu. C'est ainsi qu'on a institué deux chambres, pour éviter le choc trop direct de l'exécutif et du législatif distingués l'un de l'autre; c'est ainsi que, pour éviter la tyrannie d'une assemblée unique, on a institué un Sénat, en coexistence avec la Chambre des députés. Toujours pour éviter la tyrannie et cette fois de l'exécutif, on a séparé le pouvoir judiciaire de ce dernier, et on a cherché à l'entourer de toutes les garanties possibles d'indépendance, de lumière et d'impartialité.

Entre les deux formes extrêmes que je viens de décrire, il existe un autre système politique, véritable hybride du gouvernement direct et du gouvernement indirect. Le parti radical, et, sous le rapport des pratiques plébiscitaires, le bonapartisme ou césarisme moderne, se rattachent à cette forme dont voici les traits principaux :

Pour l'établissement des lois constitutionnelles, pour les modifications à leur apporter, ou pour l'acceptation des lois ordinaires, on peut s'adresser directement au corps de la nation qui vote sur les questions qui lui sont posées. En Suisse, ce fonctionnement ne paraît pas avoir eu d'inconvénients sérieux. En France, nous savons, par une douloureuse expérience, que le mode de votation plébiscitaire a produit des résultats funestes : le pays a toujours voté comme le lui demandait le gouvernement. De ceci il n'y a point lieu de s'étonner, étant donné notre état intellectuel et moral. En principe, le plébiscite est une institution inattaquable; en fait, il est susceptible d'entraîner le pays à sa ruine. D'où il résulte que nous ne sommes point en mesure de supporter une démocratie aussi radicale, aussi rapprochée du gouvernement direct que la Suisse. Le peuple qui l'habite est d'une moralité générale remarquable et de plus fort éclairé, tandis que la France l'est si peu, prise dans son ensemble. Conformément aux exigences de la méthode scientifique, l'observation positive, une expérience certaine nous enseignent que, dans des conditions différentes, il est nécessaire d'agir d'une manière différente. Si nous sommes tenus d'être raisonnables dans le cours ordinaire de la vie, en politique, ne tenant compte d'aucune distinction, si fondée soit-elle, devons-nous être des fous et des brouillons, confondant tout, bouleversant tout?

Incidemment je ferai remarquer que les Bonapartistes voulant des plébiscites sont donc de vrais démocrates, des démocrates de pure roche. Ici vérité théorique, erreur pratique.

La plupart des radicaux, en France, rejettent le système plébiscitaire; mais voulant se rapprocher le plus possible de l'expression de la volonté populaire, ils réclament d'une part l'application du mandat impératif et d'autre part voudraient soumettre le pays au régime d'une Assemblée législative unique.

A. — Tout d'abord la première question. Nous assistons à cette heure, malgré notre législation constitutionnelle, à la tentative de transformer tous les programmes en mandats impératifs. De ces programmes on fait des cahiers véritables; puis on viendra dire à la Chambre des députés : Voici ce que le pays demande.

Très manifestement il y a eu des engagements contractés, avec plus ou moins de sagesse ou d'imprévoyance. D'autre part il faut ne point oublier que les meneurs d'élections, c'est-à-dire une infime minorité, ont mis tel ou tel accent sur les candidatures, mais que les gros bataillons votent surtout en faveur du candidat ou pour le drapeau. On arrive ainsi, avec un peu d'entente et de discipline, à créer une volonté fictive de la nation, tandis qu'il ne s'agit, en allant au fond des choses, que de l'opinion de certains comités qui, en réalité, ne représentent qu'eux-mêmes. Dans une pareille situation d'où la vérité est bannie, et où la franchise elle-même trouve mal son compte, a-t-on bien pesé les conséquences possibles d'un programme impératif, dressé par un comité, subi par un candidat, en pleine ignorance de cause de part et d'autre, représentants et représentés ayant même niveau? La masse électorale, dans les conditions très simples de la civilisation antique, constituée d'ailleurs par de véritables aristocraties en Grèce, pouvait très facilement se faire sur la plupart des questions une opinion raisonnée, voir et comprendre le plus souvent son véritable intérêt. Soit; mais étant donnés la complexité singulière de la vie moderne, le grand nombre des affaires, les difficultés de tous genres entourant leur étude, dans un tel état de choses, que peut-il et même que doit-il fatalement arriver?

Il doit d'abord arriver ceci, c'est que si le mandataire, après avoir étudié les questions qui lui étaient aussi étrangères qu'à son comité, arrive à reconnaître ses erreurs, on aura placé un homme entre son intérêt personnel et l'intérêt public. Quelques députés auront peut-être la sagesse et l'honnêteté de se démettre de leurs fonctions; la plupart, car les républicains sont des hommes comme les autres, la plupart se laisseront convaincre par un sophisme vulgaire. Ils se diront que la loi suprême, dans une démocratie, est la volonté du peuple et que, par conséquent, ils doivent s'y conformer. Et cependant s'ils voulaient prêter l'oreille à la voix de leur conscience, elle leur rappellerait que cette volonté est susceptible de s'égarer, et que, malgré le besoin instinctif d'infaillibilisme, que nous tenons de l'Église Romaine, il est sûr et certain que le suffrage universel s'est égaré, qu'il s'égarera encore, car un ensemble de volontés faillibles ne fera jamais quelque chose d'infaillible.

Le mandat impératif vient se briser contre des difficultés de tout ordre, bien qu'exprimant une aspiration vraie, savoir l'accord nécessaire, en termes généraux, entre l'élu et les électeurs. Ce mandat est incapable de se plier aux exigences imprévues et si nombreuses de la politique journalière; il suppose chez les commettants un ensemble de connaissances administratives, économiques, politiques, au moins égales ou même supérieures à celles des mandataires, ce qui est heureusement encore le contraire de la vérité; enfin il est inutile, car, superflu quand il s'agit d'un honnête homme, il n'est pas un frein pour les gens sans moralité, dépourvu qu'il est de toute sanction réelle.

B. — La seconde question a trait à une assemblée unique, dans laquelle, en tant qu'héritiers de 93, les radicaux voudraient confondre l'exécutif et le législatif. Ils arrivent de la sorte à supprimer, non le gouvernement, mais le mécanisme parlementaire. A ce point de vue, les ministres ne sont plus que les fonctionnaires d'une assemblée dirigeante et omnipotente qui fait surveiller, par des comités pris dans son sein, l'exécution de ses volontés. Les choses se passaient d'ailleurs ainsi dans l'âge héroïque de la Révolution française, sous la Convention. Malheureusement, pareil simplisme gouvernemental n'est point favorable à la liberté, l'histoire en fait foi, et de plus la démocratie incline volontiers vers la dictature. Cette disposition se traduit au grand jour dans deux circonstances : lorsque le peuple exerce un pouvoir sans contrôle et lorsque le pouvoir lui échappe. Alors il a recours au césarisme, démocratie bâtarde, fruit illégitime, mais démocratie certaine.

Donc il y a une tendance du gouvernement populaire à unifier le pouvoir, par la centralisation bureaucratique, quand il est radical, et à poursuivre le même but, par la toute-puissance des autorités communales, quand il est anarchiste plus ou moins associé au collectivisme. Dans les deux cas l'individu disparaît fatalement, en ce sens qu'il ne subsiste plus que comme simple unité ne pouvant jamais avoir raison contre la pluralité, le grand nombre. De là, en supposant le système complet, comme dans le communisme, l'impossibilité pour la personne morale d'avoir une sphère qui lui soit propre, de posséder à titre particulier. Lorsqu'il est moins complet, dans la démocratie radicale par exemple, on concède à l'individu les droits qu'on suppose ne pas porter atteinte à l'unité essentielle et toute puissante de l'État, mais on lui refusera la liberté d'association avec ses semblables, et l'exercice des autres libertés peut être supprimé de la même manière.

On ne saurait méconnaître qu'il y a là une application certaine d'un principe du *Contrat social* de Rousseau([1]), principe d'après lequel l'individu abdique complètement entre les mains de la collectivité, aliène tous ses droits en faveur de la communauté. Ce point de vue est manifestement faux, puisque la société a comme l'un de ses buts essentiels la protection des droits, c'est-à-dire des libertés de la personne, celle-ci n'abdiquant de l'exercice de ses droits que ce qui pourrait contrarier le développement de droits égaux aux siens. L'apport fait à la constitution du corps social n'est point une négation de soi-même, d'où l'individu surgirait ensuite à nouveau par l'ingénieux mécanisme des droits que la collectivité voudrait bien reconnaître à chacun de ses membres. Lorsqu'on part d'une telle négation, il est facile de comprendre le rôle abusif que Rousseau a attribué à la volonté générale qui, d'après lui, « est toujours droite et tend toujours à l'utilité publique ». Ce qu'on appellera la liberté sera alors la volonté générale affranchie de toute entrave. Quant aux

([1]) Ce même Rousseau auquel, par un contre-sens historique complet, M. L. Blanc et quelques autres viennent d'attribuer la paternité des droits de l'homme.

droits de l'homme, quant à ces droits auxquels on a renoncé par le contrat social, qui pourrait y songer? La démocratie radicale, issue du jacobinisme dont Rousseau est le père légitime, sera fatalement autoritaire, n'ayant nul souci de droits aliénés. Il en sera absolument de même pour le socialisme collectiviste.

L'état intellectuel des masses, en France, est très arriéré. Elles ne sauraient tenir compte de la science politique et de son indispensable nécessité pour mener à bien les affaires du pays. C'est ainsi qu'elles sont antipathiques au gouvernement parlementaire qui ne cadre nullement avec leurs impulsions simplistes. Elles ne comprennent, à vrai dire, qu'un corps législatif investi de tous les pouvoirs. Comment admettraient-elles qu'une chambre issue du suffrage à deux degrés puisse réformer les arrêts de la chambre issue du suffrage universel? Bien plus, que la première puisse renvoyer, sur la demande d'un cabinet, les mandataires du peuple, devant les électeurs, avant l'échéance prévue au moment de leur nomination? Tous ces artifices délicats, ce mélange de réalités et de fictions, ces poids et contre-poids, ces autorités qui se balancent et souvent s'annulent ne sont qu'autant de moyens de sauvegarder les droits de la raison, de la science absolument ignorée, de la liberté individuelle, chose indifférente à la foule qui n'en a nulle notion, nul souci. « Pour former un gouvernement modéré, dit Montesquieu, il faut combiner les puissances, les régler, les tempérer, les faire agir, donner pour ainsi dire un lest à l'une pour la mettre en état de resister à une autre : c'est un chef-d'œuvre de législation que le hasard fait rarement et que rarement on laisse faire à la prudence (1). » Mais la foule ne comprend pas l'*Esprit des lois*. Il lui faut de grosses réalités, des conceptions plus élémentaires. Malheureusement, lorsque les obstacles qu'implique le parlementarisme viennent à disparaître, la démocratie sans frein ni règle, n'écoutant plus que les passions qui la dominent, et qui sont le mobile le plus ordinaire des actes du grand nombre, marche à pas accélérés vers l'anarchie, l'abîme où elle doit sombrer. C'est l'heure où les sauveurs se montrent, portés par certaines impulsions aveugles qui font taire la voix du droit et de la justice ; c'est l'heure où la dictature d'un seul vient ramener l'ordre au sein du désordre créé par la dictature de tous. La dictature d'un seul est la forme simpliste par excellence de la délégation gouvernementale, et le peuple commencera toujours par l'acclamer et s'y complaire.

C'est là une évolution aussi fatale qu'imprévue, paraît-il, pour tous les flatteurs de la démocratie qui, sous le fallacieux prétexte de lui ménager l'action simple et rapide, la poussent toujours, sans fin ni trêve, à sa perte. C'est ainsi qu'on donne issue aux entraînements de l'instinct, aux spontanéités aveugles de la passion qui font litière de la liberté individuelle, si distincte de la liberté politique, la seule pour laquelle la masse ignorante paraisse avoir quelque goût. D'ailleurs elle ne respecte même point toujours cette dernière, car elle possède un antidote souverain contre les erreurs du pays légal, savoir les journées, la révolution violente. Ainsi la liberté politique elle-même n'est qu'un moyen dont

(1) Montesquieu, *Esprit des lois*, liv. V, chap. XIV.

on sait fort bien se passer, au nom de la souveraineté du but, ce legs funeste de la tradition religieuse qui a enfanté l'esprit radical.

Je ne dis point : tout cela est de l'histoire, je dis : tout cela est notre propre histoire, histoire d'hier, histoire d'aujourd'hui. La démocratie française finira-t-elle par comprendre que l'exercice des libertés individuelles, des droits de l'homme, est pour elle une condition *sine quâ non* de durée? que ces libertés, ces droits, n'ont de réalisation possible que sous le régime d'un gouvernement parlementaire?

Chi lo sa?

III. — *La représentation des minorités.*

Le régime représentatif impliquerait, s'il était complet et parfaitement sincère, que la majorité pouvant exprimer ses sentiments et ses idées, la minorité eût la faculté de jouir des mêmes avantages, proportionnellement à son importance. Il y a là une vérité d'évidence immédiate qui est en opposition avec nos instincts simplistes. Quand nous avons prononcé le mot de suffrage universel, que nous avons proclamé la grande politique du suffrage universel, oracle infaillible pour beaucoup, nous n'avons parlé au fond que de la volonté du grand nombre, et nous ne nous soucions en rien de la volonté du petit. Comment le ferions-nous d'ailleurs, puisque nous vivons toujours sur la donnée de Rousseau, savoir l'abdication totale des droits de la personne entre les mains de la communauté? Il n'y a plus à tenir compte des volontés particulières qui s'évanouissent en présence de la volonté générale.

Nous voyons dans d'autres pays, républicains ou monarchistes, également soucieux des libertés individuelles, cette question de la représentation des minorités faire son chemin, être déjà en cours d'application, tandis que jusqu'à présent, en France, l'idée ne pénètre point au sein de la conscience populaire, ne s'acclimate point, et ses apôtres, singulièrement disséminés parmi nous, rappellent par leur insuccès cette voix du prophète qui crie dans le désert, sans que personne y prenne garde. Les meilleures raisons ne portent point : *telum imbelle sine ictu;* ce qui prouve l'existence, dans notre pays, d'un état mental très particulier.

Et cependant, comme je l'ai dit et répété, il est faux que nous ayons fait une complète abdication des droits qui nous sont propres. Nous n'avons cédé de ces droits ou de notre liberté personnelle que la part dont l'exercice était incompatible avec les droits ou la liberté d'autrui. Le corps politique existant pour un but concret, qui est le bien de l'individu, doit être constitué de manière à offrir toutes les garanties possibles à l'individu. Or quand les minorités ne sont point représentées légalement, lorsqu'elles ne le sont que par hasard, on peut dire que le corps politique manque à l'une des règles essentielles de son institution. Il n'y a donc pas une simple question d'équité à ce que les minorités soient représentées au sein des conseils de la nation, cela est d'une justice rigoureuse. Comme le dit M. Ernest Brelay : « A la majorité appartient la décision, à la minorité est dû le droit de représentation (1). »

(1) *L'Equité électorale*, p. 4.

Mais il n'y a point seulement à tenir compte de cette notion de justice dont la réalisation demeurera toujours un peu boiteuse, parce que l'absolu n'a point élu son domicile dans la sphère du relatif, ou si l'on veut dans l'ordre des choses humaines. Il est utile, pour le bien général du pays, que tous les intérêts représentés ou à représenter fassent entendre leur voix, et se produisent au grand jour de la publicité. On ne traitera jamais complètement une question que lorsqu'elle aura été scrutée, approfondie par une sérieuse analyse, en un mot, envisagée aux divers points de vue qu'elle peut offrir. La discussion n'est pas seulement un droit pour la minorité, elle est aussi un service rendu à la majorité, parce que sans les critiques de la première, il y a certains côtés des choses qui échapperaient fatalement à l'attention du législateur. Donc l'exercice du droit des minorités est un principe utile à tous.

On a établi le suffrage universel en France, mais on ne s'est nullement préoccupé de lui imprimer une direction réfléchie, de lui donner un caractère organique et sérieux. La minorité peut être appelée à devenir un jour majorité : elle peut avoir en elle-même une part de vérité relative supérieure à celle de la majorité du présent. Il lui faut, par cela même, toute liberté pour se faire entendre et conquérir des adhérents. Au lieu de tenir compte de ces considérations, au lieu de les faire passer dans la pratique, ce qui serait un moyen sûr de servir en même temps la cause du progrès général, on s'en est tenu au fait brutal du nombre, sans songer à lui imposer aucune discipline procédant d'une vue supérieure et vraiment scientifique de la question. Suivant la remarque de M. E. Brelay : « La démocratie, pleine de bonnes intentions, a pensé que pour éclairer le suffrage il y avait lieu surtout de l'instruire, même de force, et a cru que par ce grand moyen on aiderait la nation à résoudre le problème de l'*intérêt bien entendu*. Il n'y a peut-être là qu'une généreuse illusion, car l'intérêt bien entendu n'a pas de criterium, pas de type ; il est changeant, mobile... ([1]). »

Il y a ici d'ailleurs, comme j'ai essayé de le montrer, plus et mieux que l'intérêt bien entendu. Il y a la cause du progrès général, il y a des questions de droit individuel, de justice à satisfaire, dans une mesure imparfaite sans doute, une approximation à poursuivre. On ne s'en doute point dans notre pays : c'est une complication, et nous sommes simplistes.

CHAPITRE VIII

La Justice.

I. — *Considérations préliminaires.*

On sait que le jugement *par les pairs*, c'est-à-dire par les hommes libres de même rang, est un caractère de la société féodale qui l'a certainement puisé dans la tradition germanique : celle-ci n'établissant de différence qu'entre l'homme libre et l'homme qui ne l'était point. Les distinctions dues à la hiérarchie sociale ne se sont produites qu'avec cette hiérarchie même. Antérieurement c'était à proprement parler

([1]) *Op. cit.*, p. 12.

un citoyen qui était jugé par ses concitoyens. De même à Athènes certains jugements avaient le même caractère. Il y a là évidemment un système de rendre la justice, qui dépassant les limites de la famille primitive remonte aux premières ébauches d'organisation sociale. Il est et il a été toujours de principe que nul ne peut être juge dans sa propre cause; les garanties d'indépendance et d'impartialité étant plus grandes lorsque l'on s'adresse à l'ensemble des membres du clan, de la tribu, de la cité. La liberté dans les appréciations, le désintéressement personnel dans la question posée, telles sont, tout d'abord, les conditions essentielles qu'exige l'exercice des fonctions de juge.

Il y a encore un autre mode de rendre la justice qui est le *type patriarchal*, procédant du pouvoir du père de famille. Ce type a dû évidemment précéder l'autre, chez les Aryas, qui l'ont remplacé généralement par celui que je viens d'indiquer à une époque fort ancienne [1]. Mais il s'est perpétué en Orient où nous en trouvons l'établissement très manifeste chez le peuple juif. Ici les chefs du peuple : Moïse, Josué, la série des juges d'Israël, Débora comprise, les rois, rendent la justice qui est véritablement considérée comme un attribut de la souveraineté. La religion chrétienne, sortie des entrailles du judaïsme, a placé également entre les mains du prince le glaive de la justice et cette idée a fini par triompher au moyen âge. Devenue traditionnelle et s'exprimant d'abord par d'anciennes ordonnances

[1] Le type patriarchal a longtemps duré dans le rameau latin des Aryas.

du royaume de France, on a fait procéder la justice de la personne du roi, de même qu'elle procédait de Moïse, quand il revêtit certains hommes sages et prudents d'une délégation, pour le suppléer dans les cas ordinaires.

Le moyen âge subit l'influence d'une double tradition. Le droit de juger ne fut d'abord ni l'émanation directe du pouvoir royal, ni du pouvoir des suzerains, car à l'origine les pairs prononçaient le jugement et le suzerain l'énonçait. Ce droit de juger, négligé par les nobles, finit par passer à des officiers désignés par la royauté. Mais alors même on a vu, à l'origine de l'institution, les baillis nommés par le souverain se contentant, dans certaines villes, de proclamer le jugement prononcé par des assesseurs souvent sortis de l'élection populaire. Il y a là une réminiscence du *Mall*, tribunal du comte, institué par la loi salique et composée de sept Rachimbourgs, hommes libres, désignés aux fonctions de juge par la délégation de leurs pairs. Le comte présidait, prononçait la sentence, mais ne jugeait point (1). Dans la tradition germanique la justice procède donc des pairs, des hommes libres; nous dirions aujourd'hui du peuple lui-même.

L'action directe des pairs ou le jugement de tous, comme principe et source de légitimité pour la justice, n'est pas seulement établi dans le passé par l'exemple de la France. Il est probable que dans tous les autres pays de l'Europe les choses ont suivi la même marche. Quelle est la cour suprême de justice en Angleterre ? La Chambre des pairs du royaume

(1) Jousserandot, *Du Pouvoir judiciaire*, p. 55.

qui peut prononcer, en dernier ressort, bien qu'elle n'use que très rarement de son pouvoir. Les membres de cette Chambre possèdent un droit héréditaire qu'elle ne tient nullement d'une délégation de la monarchie, mais qui a son origine propre dans l'Assemblée des grands, laquelle tirait la sienne de l'Assemblée des hommes libres. Là aussi nous arrivons au peuple, à la réunion des pairs comme principe de la justice.

Par un véritable retour au type patriarchal, les rois de France sont devenus justiciers par eux-mêmes et leurs agents, ou par leurs agents seulement, mais ceux-ci tenant du souverain tout droit et toute autorité. Il est intéressant et même indispensable de déterminer de quelle manière nos anciens monarques ont compris le rôle de leurs agents.

Les rois s'attribuant un droit de justice générale, ou droit supérieur à celui que la féodalité reconnaissait à ses principaux membres, ils ne se sont préoccupés que d'avoir des agents fidèles de leur propre volonté, propagateurs sûrs de leur pouvoir politique grandissant de jour en jour. Il ne devait donc pas y avoir plus d'hésitation chez un juge chargé d'une mission à remplir, qu'on n'en comprendrait de nos jours chez un préfet ou un sous-préfet chargé d'exécuter docilement la consigne reçue du Ministre de l'intérieur. Les officiers de justice étaient tout ensemble à la nomination et à la révocation des souverains. Dans certaines circonstances, on a vu celui-ci faisant des choix particuliers, nommant de véritables commissions pour les jugements à rendre. Alors la mission du juge était en réalité de condamner les accusés, mission qu'il remplissait d'ailleurs en conscience. Dans les cours prévôtales, dans les commissions mixtes, qui ne remontent point au moyen âge, mais qui ont vu le jour en plein XIXe siècle, nous trouvons un dernier écho de l'immixtion funeste du pouvoir exécutif dans les fonctions judiciaires. Ici je crois devoir donner la parole à M. Guizot : « Les légistes, à titre de baillis ou de jugeurs associés aux baillis, restèrent à peu près seuls en possession de l'administration de la justice... Cette classe fut, dès son origine, un terrible et funeste instrument de tyrannie... qui fit prévaloir, quant au gouvernement en général et en matière judiciaire en particulier, des principes contraires à toute liberté... C'est après saint Louis, sous le règne de Philippe le Hardi, qu'on voit commencer ces commissions extraordinaires, ces jugements par commissions, qui depuis ont tant de fois souillé et attristé nos annales. Les sénéchaux, baillis, jugeurs et autres officiers judiciaires, nommés alors par le roi, n'étaient point inamovibles ; il les révoquait à son gré, les choisissait même dans chaque occasion particulière. » Après avoir signalé la grande lutte soutenue par l'aristocratie contre la royauté et la marche agressive de cette dernière, ce qui entraîna une suite d'actions et de réactions, M. Guizot ajoute : « Dans les deux cas, l'ordre judiciaire royal, les légistes, servaient d'instrument à des vengeances de parti, de pouvoir ; et l'un ou l'autre vainqueur, choisissant à son gré les commissaires, jugeait les ennemis aussi arbitrairement, aussi iniquement qu'il avait été jugé lui-même quelque temps auparavant (1). »

(1) *Histoire de la civilisation en France*, t. IV, p. 196, 197, 198.

Exemples : les procès de Pierre la Brosse, de Bernard de Saisset, évêque de Pamiers, des Templiers, d'Enguerrand de Marigny, le procès intenté à la mémoire de Boniface VIII par Philippe le Bel.

L'autorité absolue des rois [1], si bien établie dans l'ordre judiciaire depuis le règne de Philippe le Bel, n'était nullement compatible avec l'inamovibilité des juges qui aurait pu lier dans une certaine mesure les mains des monarques. Cette inamovibilité, l'histoire en fait foi, devint parfois très gênante pour eux. C'est un frein, et il n'est dans la nature d'aucun pouvoir qui cherche à s'étendre, de commencer par s'imposer un frein. Il n'y a donc point entre l'inamovibilité des juges et la monarchie le rapport d'effet à cause qu'on a prétendu établir.

En fait, Philippe VI, qui n'eut le trône que par héritage indirect et après compétition, promit, sans la donner, l'inamovibilité pour les charges judiciaires. Déjà le besoin d'une justice indépendante se faisait sans doute vivement sentir. La même promesse fut faite par Charles VII, mais sous Louis XI l'inamovibilité fut accordée pour toutes les charges d'officiers du royaume : juges et autres. Voici les propres paroles du Roi : « Ayant entendu et connaissant que plusieurs de nos officiers doutant choir en l'inconvénient de destitution, n'ont pas tel zèle et ferveur à notre service qu'ils auraient, si n'était ladite doute, statuons par ces présentes que désormais nous ne

[1] « Il n'y a donc pas moyen de le méconnaître : sous le rapport législatif, sous le rapport judiciaire et en matière d'impôts, c'est-à-dire dans les trois éléments essentiels de tout gouvernement, la royauté prit à cette époque (règne de Philippe le Bel), le caractère d'un pouvoir absolu » *Ibid.*, p. 202.

donnerons aucun de nos offices, s'il n'est vaquant par mort ou par résignation, ou par forfaiture préalablement jugée et déclarée judiciairement. » Les garanties accordées sont bien en faveur des officiers dont le recrutement était en souffrance, et il ne s'agit nullement, comme on l'a dit, de sûretés prises par le pouvoir royal pour assurer la dépendance de ses fonctionnaires.

Sous Louis XII existait déjà, depuis longtemps, la vénalité des charges civiles et financières qui avaient été affermées avant d'être vendues. François Ier trafiqua à l'excès des emplois de justice, qui plus que jamais furent achetés et revendus. Une autre conséquence de la vénalité a été l'hérédité des charges de justice et de finances, droit qui fut reconnu ostensiblement depuis Sully, moyennant une redevance annuelle : *la Paulette*.

En 1771, à la suppression des Parlements, on remboursa les charges qu'on avait d'abord confisquées, et le Roi délégua les fonctions de justice à qui bon lui sembla. La justice *déléguée* ou *ordinaire* était reprise par celui qui avait en mains propres la justice *retenue* ou *administrée*.

Dans notre pays la monarchie ne s'est fait faute de nommer les juges et de les révoquer; elle a condamné les Parlements au silence, les a exilés, supprimés, a fait envahir leur domaine propre par la justice administrative qui était à sa dévotion particulière. D'où il résulte que l'inamovibilité s'est présentée surtout en France, non comme un effet naturel de la royauté, mais comme la conséquence forcée de la vénalité et de l'hérédité des charges. Nous avons actuellement des inamovibles du même type que les anciens parlementaires : ce sont les notaires, avoués, huissiers, etc. Oserait-on prétendre que l'existence de ces officiers ministériels soit incompatible avec celle de la République, et qu'il faut, eux aussi, les soumettre à l'élection? Dans les deux cas l'inamovibilité est ou était liée au respect du droit de propriété. Celui-ci est le seul et véritable inamovible dans le passé.

De l'analyse historique précédente, il résulte que l'inamovibilité, entendue au sens moderne, est un fait vraiment nouveau en France et n'a aucun rapport nécessaire avec l'existence de la monarchie. Au sens ancien, elle fut la conséquence naturelle de la propriété des offices, mais dans ces conditions même toujours révocable en principe et quelquefois en fait : 1° parce que la confiscation était un droit du souverain, qui se considérait comme le seul propriétaire réel de tous les biens meubles et immeubles ; 2° parce que la justice étant supposée procéder de la personne du roi, il en pouvait confier l'exercice suivant son bon plaisir, la déléguer ou la retenir.

Depuis 89, avec l'abolition de la vénalité des charges judiciaires, la question s'est évidemment présentée sous un jour tout autre. Il fut proposé à la Constituante de créer des juges inamovibles, à la nomination du roi, sur une liste de présentation émanant des assemblées provinciales, mais on préféra soumettre le recrutement de la magistrature à l'élection, parce que telle était la base principale des institutions politiques. De l'un il parut naturel de conclure à l'autre, ce qui était une erreur capitale en pratique, mais une vérité théorique. Quoi qu'il en soit, on fit en 1790 une réorganisation judiciaire où figuraient des juges de paix, des tribunaux de district, le jury criminel et un tribunal de cassation. Les juges de paix étaient à la nomination directe des assemblées primaires, formées de tous les citoyens actifs ou citoyens payant une contribution directe de la valeur de trois journées de travail. Les membres des tribunaux de district étaient désignés pour six ans par des électeurs au second degré, dans la proportion d'un électeur pour cent citoyens actifs. L'institution royale était d'ailleurs nécessaire [1], mais évidemment à titre de simple formalité. La grande tradition de 89 invoquée si souvent, dans l'espèce, ne fait donc point appel au suffrage universel et elle introduit le vote au deuxième degré quand il s'agit des tribunaux de district. La Cour de cassation procéda de la même origine.

Les choix furent généralement malheureux en province, pour les tribunaux de district, mais il en fut différemment à Paris, où ils portèrent sur les jurisconsultes les plus distingués de l'époque. Aussi l'esprit factieux ne les toléra-t-il point longtemps dans leurs fonctions. En 1792 les conditions de l'élection furent supprimées, on procéda à des nominations nouvelles qui firent la plus large part à l'incompétence. Aux élections en 1793, à Paris, sur 51 juges il y eut douze hommes de loi élus, en grande partie juges de paix, greffiers, huissiers. Parmi les autres un peintre, deux graveurs, un ciseleur, un jardinier.

[1] Loi des 16-24 août 1790, titre II, art. 4, titre VI, art. 1, et titre VII. Le ministère public était, lui, institué à vie.

Puis la Convention se chargea de la désignation des juges jusqu'à l'établissement de la Constitution de l'an III. Le souvenir de la Terreur produisit alors un mouvement de réaction tel que les élections de 1797 remplirent les tribunaux de royalistes, ce qu'il est bon de faire savoir aux républicains qui en appellent au suffrage universel ou restreint pour le recrutement des magistrats, recrutement qui prendrait de suite un caractère exclusivement politique. Le coup d'État de fructidor fit vider la place aux royalistes et le gouvernement les remplaça par des révolutionnaires. La Constitution de l'an VIII organisa à nouveau la magistrature, l'élection n'étant conservée que pour les juges de paix. Les juges, en première instance et en appel, furent au choix du pouvoir et déclarés inamovibles, mais ce ne fut là qu'une fiction verbale et l'on vit bientôt que l'inamovibilité et le pouvoir d'un seul sont choses incompatibles.

En 1807 l'Empereur décida de faire une épuration générale, et, sur l'avis préalable d'une commission formée de six sénateurs, plus de soixante magistrats furent révoqués. Il fut décidé par ordre de Sa Majesté qu'à l'avenir : « les provisions qui instituaient les juges à vie ne seraient délivrées qu'après cinq ans d'exercice de leurs fonctions, si l'empereur reconnaissait qu'ils méritent d'être maintenus dans leurs places. » Trois ans plus tard, nouvelle épuration plus considérable que la précédente.

La charte de 1815 fit procéder la justice de la personne du roi et déclara inamovibles les juges nommés par lui. C'était instituer l'autorité judiciaire comme un véritable démembrement du pouvoir exécutif. En conséquence, la Cour de cassation vit exclure de ses rangs huit de ses membres peu avant les Cent-Jours. L'Empereur, après son débarquement de l'île d'Elbe, s'empressa de décréter que les changements introduits dans l'organisation judiciaire étaient non avenus, parce que les membres en faisant partie sont inamovibles, d'après les constitutions de l'Empire. Aussitôt arrivé à Paris, le nouveau maître révoquait le premier président Séguier et le président Try. A son tour, et dès 1815, la royauté fit une première épuration à Paris et à Lyon. En 1816, la Chambre des députés demandait la suspension de l'inamovibilité. « L'inamovibilité, disait M. de Bonald, rapporteur de la commission, n'ajoute rien aux connaissances ni à l'intégrité du juge capable et fidèle à son devoir. Elle assure au mauvais juge une longue et scandaleuse impunité. Le juge en est plus fort, mais s'il est bon il n'en est pas meilleur, et s'il est mauvais il en est pire. » « Nous savons, disait encore le rapporteur, quelle est la composition actuelle des tribunaux. Un cri général s'élève de tous les points de la France pour réclamer leur réforme. » De nos jours, on ne tient point un autre langage et la passion se sert des mêmes arguments.

Le vote de la Chambre des députés fut infirmé par celui du Sénat : mais, néanmoins, grâce à l'investiture que se réservait le pouvoir, il fit une épuration générale et l'inamovibilité fut en réalité suspendue pendant vingt mois. Deux cent quatre-vingt-quatorze magistrats furent révoqués de 1816 à 1818.

Après 1830, malgré un mouvement très vif de

l'opinion du pays pour l'épuration de la magistrature, la Chambre des députés se refusa à cette mesure qui fut néanmoins, il faut en convenir, réalisée par voie indirecte. Trois cent six magistrats durent se retirer pour refus de serment. La révolution de Février supprima par décret l'inamovibilité, comme étant incompatible avec le régime républicain, mais elle fut rétablie par l'Assemblée nationale. Le régime issu du Deux-Décembre créa les commissions mixtes et supprima, en fait, l'inamovibilité, en chassant des juges de leurs sièges, en les transportant. En 1871, le gouvernement de Bordeaux prononça la déchéance de quinze magistrats ayant siégé dans les commissions mixtes, mais ce décret fut annulé par notre dernière Assemblée constituante.

II — *Justice directe.*

Le mode de recrutement de la magistrature a été en France, depuis la Révolution française qui a aboli la vénalité des charges judiciaires, l'élection d'abord, puis le choix du pouvoir. Mais l'idéal serait de ne point avoir d'autres juges que l'ensemble des citoyens réunis sur la place publique. Au point de vue des principes, pris dans toute leur rigueur, telle est la vérité absolue, que n'exprime nullement un jury tiré au sort sur une liste déjà restreinte. Il en est ici exactement de même que pour le gouvernement direct qui est *à priori* le meilleur. L'est-il toujours *à posteriori?* La justice directe est *à priori* la meilleure; l'est-elle toujours *à posteriori?*

En pratique nous ne pouvons faire de justice directe dans la République française une et indivisible, dans ce grand pays de France compris entre les Alpes, la Méditerranée, les Pyrénées, le Jura, les Vosges et l'Océan Atlantique, et ayant une cinquantaine de millions d'hectares de superficie. Il nous faudrait, pour arriver à ce résultat, émietter l'unité nationale, la ramener à cet état de menue poussière constituant la commune primitive, et au maximum à quelque chose d'analogue à l'une des cités de la Grèce antique, à la république d'Athènes par exemple, où la justice, rendue directement, ne fut nombre de fois qu'une injustice parfaitement légale. Remonter le cours des âges et de la civilisation, revenir à la source première et barbare, c'est là un type de perfection, de vérité vraie impossible à réaliser. Donc la justice ne peut être rendue qu'à titre indirect, et quand elle paraît l'être directement, comme dans l'institution du jury, c'est que par un artifice particulier on a laissé subsister l'incompétence fréquente, mais on a supprimé le nombre, qui est le berceau et la vraie raison d'être de la justice primitive.

III. — *Justice indirecte.*

Entrés dans la voie indirecte, nous sommes en présence de plusieurs procédés. Par exemple, l'élection populaire ou par un corps électoral particulier, ou par le choix du pouvoir avec ou sans présentations de corps spéciaux.

a. **L'Élection populaire.** — Historiquement, la justice a pour origine essentielle non le choix des mandataires par l'élection, ni le pouvoir propre du souverain, mais bien l'arbitrage entre égaux. Cet arbitrage doit faire à chacun la part qui lui revient : *suum cuique*. Or pour cela il faut que les juges soient instruits, éclairés, indépendants d'eux-mêmes, c'est-à-dire de leurs passions, et indépendants de tout ce qui, en dehors d'eux, pourrait influencer leur jugement d'une manière fâcheuse. Dans le silence de leur cœur et la pleine clarté de leur intelligence, ils ne doivent écouter que la raison. C'est donc la raison elle-même ou l'intelligence développée, mûrie par l'étude et libre de toute attache, de tout assujettissement intérieur ou extérieur, qui est appelée à rendre les oracles de la justice.

Pour réaliser de telles conditions, idéal à atteindre plutôt que vérité courante dans la pratique, on a dû songer à une délégation confiée aux meilleurs, aux gens compétents et moraux, malgré la valeur *à priori* de la justice exercée par l'arbitrage direct. Les pairs ne sont pas toujours suffisamment compétents et moraux, et on a compris l'utilité de spécifier, de distinguer les fonctions. Dans l'ordre biologique, le progrès implique la distinction des tissus, la multiplication des appareils qui fait sortir de la confusion physiologique primitive, la complexité et la richesse fonctionnelle. C'est là une image de ce qui se passe dans l'état social où tout est aussi confondu à l'origine : l'exécutif, le délibératif, le judiciaire, le sacré et le profane. Dans l'industrie nous voyons se produire de même l'application nécessaire du principe de la division du travail. Il y a là tout un ensemble de notions corrélatives dont on ne saurait méconnaître l'enchaînement réciproque et la portée.

La délégation judiciaire, fait dérivé, tirant sa

légitimité de l'arbitrage des pairs, a dû conduire au choix des plus éclairés et des plus honnêtes. Il y a là en effet un intérêt commun d'une évidence incontestable. Cherchons néanmoins quels sont les fruits portés par ce système; cela vaut mieux que de raisonner sans base positive, et il n'y en a pas de plus positive que l'expérience. J'ai déjà parlé de la France, et vais prendre la Suisse pour second exemple, ce pays auquel on veut comparer le nôtre, malgré les profondes différences qui les séparent. Ici on peut constater que les règles s'imposant pour le choix des juges ont été généralement appliquées; toutefois on est forcé de reconnaître que si, dans les villes, le niveau des élus est convenable ou même élevé, dans les campagnes, aujourd'hui, la science du droit devenue plus difficile par le fait même des variétés d'application de la vie moderne, n'est plus possédée que d'une manière tout à fait insuffisante par ceux que leurs concitoyens chargent d'une délégation judiciaire. C'est un état de choses avec lequel on vit encore, mais qui devra prendre terme un jour, car il ne suffit point que la condition d'honnêteté soit très généralement remplie, il faut que la compétence le soit aussi. Or il paraît que cette dernière diminue d'une manière très appréciable.

L'élection n'est pas d'ailleurs le seul procédé de recrutement pour les juges, puisqu'on trouve aussi, en Suisse, des jurys criminels, correctionnels et même civils. Mais ces institutions ne sont pas uniformément adoptées partout.

Nous avons aux États-Unis un autre exemple de

juges par délégation, système qui n'existe d'ailleurs que depuis le premier quart de ce siècle. Les juges des États particuliers sont élus directement ou indirectement, mais il s'est produit un avilissement certain d'un corps de juges devenu corrompu, asservi aux électeurs et d'une incompétence avérée. Heureusement la notion de justice n'a point disparu des États-Unis, grâce à l'existence de la cour suprême, des neuf cours de circuit et des cinquante cours de district formées les unes et les autres de membres inamovibles, nommés par le chef de l'État, avec l'assentiment du Sénat. On y voit réunies les conditions nécessaires au bon fonctionnement de la magistrature, savoir : la compétence, l'honorabilité, l'indépendance complète. Or il ne saurait y avoir de bon système de recrutement pour les juges, sans la coexistence nécessaire de ces trois termes.

Aux États-Unis nous retrouvons le jugement direct dans les jurys civils et criminels.

L'élection populaire qui a pour but de supprimer la dépendance du juge vis-à-vis du pouvoir central, ne fait en réalité que la déplacer, et nous conduit à l'incompétence inévitable avec tous ses dangers. L'exemple des États-Unis, même un peu celui de la Suisse, et très particulièrement celui de la France depuis 92 jusqu'à la Constitution de l'an VIII, nous font voir la subordination de l'élu à l'électeur, le défaut d'impartialité, et d'une manière fatale l'abaissement du niveau intellectuel et moral de la magistrature. C'est au fond la suppression de la justice devenue un instrument de règne entre les mains du nombre, qui l'incline tantôt dans un sens politique et tantôt dans un sens différent ; elle est ainsi ravalée au point de servir de moyen pour châtier ses adversaires. Voici d'ailleurs comment s'exprime Treilhard, l'un des juges élus de Paris en 1791, sur la valeur de la magistrature issue de l'élection pendant la Révolution française : « Dans le temps de nos discordes civiles, les magistrats n'étaient que trop souvent les hommes d'un parti et non pas les hommes de la nation. On se demandait de quel bord est le candidat ? On ne se demandait jamais : Est-il probe ? Est-il éclairé ? A-t-il cette impartialité, ce courage qui doivent caractériser un magistrat ?... Et le choix alors momentané, pour ainsi dire, des juges de paix, était livré aux calculs de l'intrigue qui avait à peine élevé un homme qu'elle calculait sa chute et son remplacement, s'il ne se montrait un instrument servile. » Ce témoignage exprime un fait général qui n'est point sans correctif, car, d'après M. Renouard, les membres du tribunal de cassation se seraient acquittés à leur honneur de l'exercice de leur charge : « Le tribunal s'était appliqué, dès son origine, à se tenir en dehors des influences purement politiques et à ne point sortir de sa mission, nettement tracée par la loi. Il était soumis aux puissances établies, sans cesser d'administrer impartialement la justice. »

Dans le magistrat nous devons exiger l'union des conditions suivantes qui sont primordiales : l'*indépendance*, la *compétence*, la *moralité*. L'élection a pu, en Suisse, satisfaire à la première et à la troisième, mais il est manifeste qu'elle ne produit souvent que des résultats inférieurs pour la seconde. Aux États-

Unis on n'a pu obtenir, dans certains États, l'union approximative des trois termes qu'en augmentant singulièrement la durée de l'exercice des fonctions. Douze ans, quinze ans, vingt et un ans, cela devient vraiment fort analogue à l'inamovibilité pour un juge. Partout ailleurs décadence, médiocrité, asservissement des juges à leurs électeurs. En France, le tableau tracé par un témoin oculaire, par l'un de ceux que l'on cite comme constatant les aptitudes du corps électoral à faire de bons choix, nous prouve que là, encore, la légende Jacobine s'est complu à entourer de fictions, c'est-à-dire d'erreurs grossières, le berceau de la démocratie.

Consentirons-nous, au temps présent, à tenir compte de l'observation, des constatations de l'Histoire? Nous soumettrons-nous jamais à la rigueur de la méthode scientifique? Quoique n'en ayant point le sentiment à l'heure présente, finirons-nous par nous reconnaître inférieurs en moralité et en lumières à la Suisse? En lumières aux États-Unis? Ce qui a été un agent de corruption pour un pays qui nous dépassait singulièrement jadis en moralité, sera-t-il un exemple probant pour nous? Ou bien les yeux fascinés par un idéal, qui de longtemps n'est point à notre usage, parce qu'il nous faudrait, pour l'atteindre, une rénovation intellectuelle et morale, continuerons-nous, le regard perdu dans le vide, à nous précipiter en avant, ne pouvant que renouveler l'aventure de l'astronome de la fable?

Tel est le sort réservé à ceux qui font appel à l'élection pour obéir au sentiment populaire réclamant, dit-on, le châtiment des mauvais juges. Mais étant donnée l'importance relative des partis en France, il est manifeste que ce désir de vengeance, qui n'est que la passion en jeu, ne pourrait trouver à se satisfaire. La plupart des juges que leurs opinions politiques font mettre à l'index seraient élus, et un quart ou un tiers de la magistrature serait profondément hostile à la République et aux républicains.

b. **L'élection par un corps électoral spécial.** — Si dans ce monde sublunaire, où la vérité pure avoisine si fréquemment l'erreur en pratique, nous n'avions à nous préoccuper que des conditions essentielles d'un bon recrutement de la magistrature, nous serions en passe de trouver une solution acceptable. Mais malheureusement il est loin d'en être ainsi.

La question judiciaire se trouve doublée par la faute certaine de bon nombre de juges d'une question politique, et on peut même dire que la première n'a été ouverte avec tant d'irritation, souvent trop légitimée, que par l'hostilité de certains magistrats contre les institutions républicaines. Or un corps électoral spécial devrait être formé de tous ceux qui vivent du droit ou appliquent la loi. Si, comme on le prétend, l'immense majorité des professions qui se rattachent à la jurisprudence est imbue de sentiments hostiles à la République, comment lui confier le recrutement des juges? Étant donnée la démocratie ou toute autre forme de gouvernement, il faut que la magistrature n'ait point un caractère hétérogène ou même absolument réfractaire à l'esprit des institutions. Telle est la raison d'être des mouvements fort vifs de l'opinion qui se sont produits contre l'inamovibilité de la magistrature en 1815, en 1830 et dans ces dernières années.

c. **Le choix spontané du pouvoir.** — Ce choix peut être bon ou mauvais. — Dans le premier cas, le juge que nous supposons moral et éclairé doit être indépendant vis-à-vis du pouvoir, c'est-à-dire tout d'abord inamovible. Mais cela ne suffit point, parce que, grâce à un système de classes distinctes dans les tribunaux, on peut par l'avancement supprimer en fait l'indépendance des juges. Comme l'a dit M. de Tocqueville, si l'inamovibilité défend le juge contre le pouvoir, il faut aussi le défendre contre lui-même. Or, dans l'avancement, il y a un moyen évident d'action politique et corruptrice sur la magistrature. — Dans le second cas, le choix étant supposé mauvais, ce qui est arrivé, ce qui probablement arrive encore, l'inamovibilité est une institution qui devient nuisible, au premier chef, car c'est une garantie qui alors ne protège pas seulement le bien, mais aussi le mal.

Si donc le choix du pouvoir était conservé, il serait indispensable d'enlever à celui-ci l'avancement, soit qu'on le supprimât, soit qu'il dépendît à l'avenir de l'avis préalable de certains éléments empruntés à la magistrature elle-même. La première alternative serait peut-être la meilleure et les juges perdraient le caractère nomade des préfets et des sous-préfets. Moins de mobilité dans le séjour ne vaudrait pas plus mal. Voilà pour l'indépendance. — Quant aux lumières à exiger, je crois qu'il serait indispensable de limiter les choix à ceux qui se trouveraient, dans certaines conditions déterminées de savoir, constaté par le diplôme de docteur en droit ou par un stage qu'ouvrirait le concours. A ce dernier point de vue, il y a une institution d'attachés due à M. Dufaure qui serait à rétablir. — Reste la question de moralité dont je crois en général le gouvernement assez mauvais appréciateur, car il lui arrive souvent de faire de ce chef, en toutes choses, des choix fâcheux par ignorance ou autrement. Mais il faut convenir cependant qu'il y aurait, dans l'espèce, des garanties sérieuses, en restreignant le pouvoir à choisir dans un personnel d'élite préparé par des examens, des concours, des études préalables.

d. **L'investiture du pouvoir sur présentation.** — J'inclinerai vers cette solution, qui donnerait à la magistrature une indépendance certaine et au moins égale à celle que lui avait laissé prendre l'ancien régime. La vénalité des charges, chose mauvaise en soi, avait fini par créer une véritable caste dont les inconvénients furent très nombreux pour le pays, mais qui offrait au moins l'avantage d'être encore quelque chose de distinct de ce pouvoir royal qui absorbait tout, et quelquefois de lui avoir tenu tête.

Au mépris du principe essentiel de la distinction de l'exécutif et du judiciaire, les droits actuellement exercés par le garde des sceaux sont exorbitants. Il en agit pour le recrutement et les nominations aux postes les plus élevés suivant son bon plaisir ; puis, la chose faite, l'inamovibilité couvre tout. Il est donc absolument essentiel de faire cesser un état de choses qui est l'arbitraire le moins déguisé, et qui compromet l'ensemble de la magistrature par les actes de favoritisme dont profitent quelques-uns de ses membres. D'ailleurs le ministre le mieux intentionné, devant faire très souvent des nominations en complète ignorance de cause, il faut des garanties contre cette ignorance inévitable, de même qu'il faut au corps judiciaire des garanties contre « les choix répréhensibles, les choix de parti, les choix très révoltants » pour parler comme le duc de Broglie (l'ancien). — Réformer le recrutement de la magistrature, les conditions où il s'exerce est une œuvre de haute moralité sociale. Finissons-en avec l'arbitraire qui ne peut qu'être funeste à la compétence et à la moralité; finissons-en avec tout ce qui altère l'indépendance du juge et qui vicie profondément l'institution de l'inamovibilité en lui ôtant son mérite pour le bien et en mettant à nu les effets pour le mal. Enfin mettons un terme à la confusion des pouvoirs qui est d'origine essentiellement monarchique, et qui fleurit en France dans le fait de la justice administrative et dans le recrutement de la justice ordinaire. La confusion des pouvoirs, telle est l'institution vraiment monarchique et nullement l'inamovibilité.

Des juges indépendants, intègres, éclairés, pourraient être obtenus dans les conditions sus-indiquées. Ces juges ne pourraient être révoqués « tant que leur conduite sera bonne », pour parler le langage de la Constitution américaine qui s'applique à tout le corps de la justice fédérale. Il faudrait donc pour cela des conditions d'indignité dont, sur l'appel du garde des sceaux, la Cour de cassation demeurerait le seul juge. C'est une inamovibilité de fait sinon de droit, analogue à celle qui existe pour les professeurs de l'enseignement supérieur, dont la révocation est entourée de garanties sérieuses. Cette classe de l'Université jouit en réalité de la plus complète indépendance. D'ailleurs, dans l'état actuel des choses, pour motifs d'indignité, les magistrats eux-mêmes sont susceptibles d'être révoqués par décision de la Cour de cassation.

J'aborde maintenant la discussion directe du principe de l'inamovibilité. En fait, n'étant qu'une entrave mal tolérée par la royauté, il n'a point existé d'une manière durable, sous l'ancien régime, et il n'a été respecté qu'en apparence des gouvernements monarchiques qui se sont succédé depuis la Révolution. La République en a suspendu l'application, puis elle l'a rétabli, et c'est elle au fond qui lui a été le plus fidèle en France. A l'étranger, voici comment les choses se sont passées, au dire de M. A. Desjardins : « Les juges sont inamovibles en Angleterre depuis le règne de Georges III ; en Suède, depuis 1809 ; dans les Pays-Bas, depuis 1815 ; en Bavière, depuis 1818 ; dans le Wurtemberg, depuis 1819 ; au Brésil, depuis 1824 ; en Portugal, depuis 1826 ; en Belgique, depuis 1831 ; ils le sont devenus, en Prusse, depuis 1850 ; en Russie (1864), en Autriche (1867), en Irlande (1874). »

Donc, faire de la royauté et du principe de l'inamovibilité des institutions corrélatives, n'est pas seulement un contre-sens de logique, c'est encore, ainsi que je l'ai dit précédemment, une erreur historique dans la plus grande partie de l'Europe où l'organisation présente a une origine moderne. Aux États-Unis, des juges inamovibles coexistent avec un régime très démocratique. Que devient encore ici la corrélation? Elle n'est vraie ni pour la monarchie ni pour la république. Donc l'argument de corrélation ne vaut rien.

Dans la question de l'inamovibilité nous avons à distinguer le principe et son application. Celle-ci a-t-elle permis le fonctionnement normal du premier ou en a-t-elle neutralisé les bons effets?

Au point de vue de l'application, il y a à tenir compte, en premier lieu, du mode de recrutement qui doit être entouré de toutes garanties, car, s'il ne l'est point, l'institution peut être viciée radicalement. Faites-vous de mauvais choix? Alors il est absurde de laisser en place, leur vie durant, des incapables ou des malhonnêtes. Les divers gouvernements en ont agi sur ce chapitre à leur fantaisie, suivant leur bon plaisir, plaçant ainsi leurs nominations sous le coup de suspicion légitime. Il y a eu de bons comme de mauvais choix, mais tous eussent pu être détestables; et, soit dit en passant, on a fait entrer dans la magistrature assise un beaucoup trop grand nombre de membres du parquet que leurs fonctions antérieures préparaient mal pour les nouvelles. D'autre part, est-il vrai oui ou non que le pouvoir, grâce à l'avancement, grâce à une législation qui permettait aux juges de lui rendre des services, a supprimé, autant qu'il était en lui, le bénéfice de l'inamovibilité pour le justiciable? Le magistrat, au lieu d'être indépendant, est dépendant de celui qui possède en main les places à obtenir et la distribution des émoluments divisés, dit-on, en 43 catégories [1].

[1] Je tiens le fait d'un président de tribunal.

Donc, l'institution est tournée, supprimée en réalité; nous avons bien le mot inamovibilité, nous n'avons jamais eu la chose; jamais.

Attribuer à l'inamovibilité des vices qui l'altèrent profondément, ce vice qu'on appelle le recrutement par le choix libre du pouvoir; cet autre vice qu'on appelle l'avancement, c'est tomber dans le sophisme vulgaire du *cum hoc ergo propter hoc*.

Nous avons dans la démocratie un système politique d'une mobilité très grande, mobilité qui a des avantages et qui a aussi de sérieux inconvénients. Il est nécessaire au corps social d'avoir, dans ses institutions, un point fixe, ou comme l'a dit M. Gambetta, qui a été rarement aussi bien inspiré, un arbre de couche. Pareille tâche doit incomber à la justice chargée de la défense et de l'interprétation des lois. Or tout ce qui se donne sans un mandat fréquemment renouvelé n'est point un établissement démocratique. Tant et si bien que nous sommes en présence d'un ordre de choses non démocratique et néanmoins utile à la démocratie.

Il y a une autre considération singulièrement puissante à faire valoir en faveur de l'indépendance complète des fonctions judiciaires et du caractère conservateur qu'il faut leur assigner, soit au point de vue de la forme gouvernementale, soit à celui des libertés publiques. M. de Tocqueville nous montre l'exemple de la démocratie américaine, qui est bien plus radicale que la nôtre et se rapproche davantage du gouvernement direct. Là les juges ont une influence immense, parce qu'ils ont le droit de fonder leurs arrêts sur la constitution plutôt que sur les lois.

Ils peuvent donc frapper de caducité ces dernières quand elles leur paraissent inconstitutionnelles. Or. « le pouvoir accordé aux tribunaux américains de prononcer sur l'inconstitutionnalité des lois, forme une des plus puissantes barrières qu'on ait jamais élevées contre la tyrannie des assemblées politiques ([1]). »

Au dire de M. Picot : « Les jurisconsultes qui font autorité de l'autre côté de l'Atlantique, Story, Keat et avant eux les auteurs du *Federalist* ont démontré victorieusement que l'inamovibilité, utile dans une monarchie pour défendre les droits des sujets contre les abus de la couronne, était indispensable dans une République pour protéger les juges contre les tyrannies des factions ([2]). » M. Picot ajoute : « Dans tout gouvernement quel que soit son nom, il existe toujours un souverain disposant de la force, pouvant en abuser et dont le juge doit contenir les fantaisies au nom du droit. Partant il ne peut y avoir de sécurité pour les minorités que grâce au pouvoir judiciaire. Il est le protecteur naturel des faibles, des persécutés, de ceux qui se disent ou qui sont des victimes. Dans une monarchie, font observer les jurisconsultes américains, les sympathies du peuple sont naturellement en éveil contre la tyrannie et elles cherchent à arracher les victimes aux vengeances du maître. C'est la lutte d'un seul contre tous. Dans les gouvernements où la majorité qui obtient le pouvoir passe pour représenter la volonté du peuple, la persécution, surtout lorsqu'elle est politique, devient la cause de tous contre un seul... Tandis qu'on

([1]) *De la Démocratie en Amérique.*
([2]) *La Réforme de la Magistrature.*

rougirait de servir les caprices d'un maître, ou se fait gloire de servir des passions qu'on croit ennoblir en les nommant la volonté du peuple ([1]). »

En effet, il est évident *à priori* et nous savons malheureusement *à posteriori*, par l'observation, par notre propre histoire, que dans la démocratie la liberté politique peut s'allier très bien à la tyrannie, c'est-à-dire au mépris des droits de l'homme chez l'individu, droits que la majorité peut fouler aux pieds sans aucun scrupule. La liberté de la personne étant le premier et le plus précieux de tous les biens, pour prévenir la tyrannie du nombre, qui est la plus détestable de toutes, il faut établir, dans l'administration de la justice, les moyens de soustraire absolument la magistrature aux fluctuations de la politique. L'indépendance du juge supprimée deviendrait un véritable arrêt de mort pour la démocratie, chez laquelle disparaîtrait, avec le respect du droit, toute notion de justice.

Dans l'espèce nous n'avons à nous préoccuper que de l'intérêt social, et on fait preuve d'une singulière inintelligence de la question lorsqu'on prétend qu'il s'agit ici de sauvegarder les situations acquises, menacées du naufrage le plus certain par le régime de mobilité qu'entraînerait l'élection populaire, ou la révocation *ad nutum* de la part du pouvoir. Il faut, dans l'intérêt exclusif et primordial de la justice, autrement dit des justiciables, constituer une magistrature dans les meilleures conditions de moralité, à l'abri des violences des factions ou de l'autorité supérieure, à l'abri aussi des séductions de l'avancement, et qui soit enfin essentiellement compétente.

(1) *La Réforme de la Magistrature.*

Le point de vue de la compétence entraîne d'ailleurs certaines conséquences peu prévues d'ordinaire. On n'improvise ni un professeur de l'enseignement supérieur, ni un jurisconsulte. Dans les deux cas nous sommes en présence de carrières à parcourir, carrières qui exigent de fortes études longtemps prolongées, ne pouvant guère souffrir d'interruption. De pareilles conditions, d'une réalisation difficile, conduisent naturellement le pouvoir à donner toute garantie de sécurité à ceux qui ont fonction, soit de rendre la justice, soit de former l'élite intellectuelle du pays. Une telle nécessité n'est encore contestée par personne, en matière d'instruction publique, et elle est, pour tout esprit réfléchi, également d'évidence majeure quand la magistrature est en cause. La justice rendue par les pairs, ou par les elus du suffrage universel, est incapable de s'inspirer des données d'une science profonde, d'une complexité très grande, grâce à l'infinie variété des rapports créés par la vie moderne. Nous n'en sommes plus aux imparfaites ébauches de la civilisation prenant figure dans le clan et la cité antique. Pour éviter la magistrature d'incompétents, d'hommes qui, n'ayant pu se faire une situation dans le monde, solliciteraient un mandat judiciaire par des considérations d'ordre purement politique, on doit assurer aux vrais jurisconsultes une carrière que ne brisera ni le caprice d'un ministre, ni celui d'une majorité électorale. Que pourrait être un corps de professeurs soumis au libre choix des étudiants à époques fixes? Qui voudrait jamais exposer son avenir à une pareille éventualité? Les fruits secs, les incapables sans doute. De même en serait-il pour les juges. Sans les longs jours en perspective, sans une situation à l'abri des coups du sort dirigés soit par le pouvoir, soit par la foule, c'en est fait d'une bonne justice en France.

D'après l'ensemble des considérations qui précèdent, il y a donc lieu de constituer chez nous sérieusement, solidement, l'organisme judiciaire, non seulement dans l'intérêt essentiel de la justice, c'est-à-dire du droit, des libertés de l'homme et du citoyen, mais aussi dans celui de la durée des institutions républicaines. Au lieu d'abaisser le rôle de la magistrature, il y aurait lieu de le grandir et de faire de celle-ci la loi vivante, l'expression autorisée de la raison souveraine, qui ne se fait point entendre dans les comices populaires comme le simple et naturel écho de la rumeur publique. Nous ne pouvons prendre au pied de la lettre le *vox populi, vox Dei*. La vie politique met en jeu les passions, provoque les conflits et les discordes, est-ce donc en plein forum que nous pensons trouver le sanctuaire de la justice et de la science? Est-ce aux partis en lutte qu'il faut demander l'impartialité? Est-ce auprès du gouvernement ou du parti vainqueur que nous la trouverons davantage? La vérité en toutes choses vit à l'écart, dans un cercle restreint. Elle est, dans l'espèce, le partage de la compétence fécondée par la moralité et ne peut appartenir qu'à un petit nombre. C'est donc à celui-ci que la nation doit s'adresser, si elle veut profiter de lumières qu'elle ne trouvera point ailleurs. De plus, en rendant la justice, la magistrature n'accomplit qu'une partie de sa tâche; elle devrait aussi, sous certaines conditions, diriger son propre recrutement, et remplir la mission auguste de défendre les lois constitutionnelles comme aux États-Unis.

Mais la réorganisation de la magistrature implique des mesures préalables. Entrés dans un nouvel ordre de choses, nous ne saurions accepter en bloc le legs du passé. Le premier Empire a révoqué, la Restauration a révoqué, la Révolution de Juillet a mis trois cents magistrats dans la nécessité de donner leur démission ; le second Empire a révoqué, la Délégation de Bordeaux a révoqué, c'est-à-dire qu'en somme l'inamovilibité de la magistrature n'a été, jusqu'à ce jour, qu'une conception théorique à laquelle on s'est conformé ou non, suivant les besoins de la politique. Or de tout cela il y a une raison bien simple. La magistrature nommée directement, arbitrairement par le pouvoir politique, était fatalement condamnée, en termes généraux, par son origine, à exprimer, à refléter les idées de ce pouvoir. A vrai dire celui-ci avait nommé des fonctionnaires que la révocation ne pouvait frapper, tandis qu'elle menace ou peut menacer tous les autres. La tache originelle des juges, c'est leur recrutement qui n'assure ni leur compétence ni leur honorabilité. De plus, leur indépendance est toujours mise en échec par la question de l'avancement. Des trois conditions primordiales qui entrent dans la définition du caractère du magistrat, il arrive que toutes les trois peuvent manquer simultanément, par la faute des choses. Réorganisons donc le corps judiciaire, mais pour le relever et pour mettre, non les individus que je n'ai point en vue, mais l'institution en mesure de remplir le rôle social de premier ordre auquel elle est ou doit être appelée par une démocratie soucieuse de vivre. Alors la magistrature sera véritablement l'arbre de couche du corps social.

Reste toujours la question des juges fonctionnaires des pouvoirs déchus. On ne leur demande point le serment, mais il est évident que les réformes utiles, nécessaires portant sur les tribunaux et sur les cours doivent permettre, au pouvoir, de choisir entre ceux qui acceptent la République et ceux qui l'ont toujours combattue. Il y a d'autant plus à profiter des circonstances actuelles pour mettre ces derniers à la retraite, que la magistrature devrait être appelée à l'honneur insigne de défendre la loi constitutionnelle, par le refus d'application de toute loi qui lui serait contraire.

Je n'entre point dans le détail des questions relatives au mode spécial du recrutement, à l'assessorat des juges de paix, à la suppression ou à la conservation des tribunaux de première instance, à l'appel se faisant d'un tribunal à l'autre, à la suppression des cours ou à la conservation de celles-ci, en tout ou en partie. Toutes questions importantes mais étrangères à mon sujet, qui est de montrer que certaine notion de l'organisation de la justice, pour être anti-démocratique, n'en est pas moins absolument nécessaire à l'existence de la démocratie française.

CHAPITRE XI

La Religion.

Sous ce chef je n'ai en vue que l'union des Églises et de l'État.

Cette question pourrait sans doute être examinée et jugée, dans ses termes généraux, en ne dépassant point la distinction radicale à établir entre le citoyen et le croyant. La confusion de ces deux termes a été l'erreur dont a vécu moralement l'antiquité, et dont le catholicisme a toujours voulu faire l'application, vu son rôle historique de synthèse du paganisme et du christianisme. Sur un pareil terrain l'union des Églises et de l'État, de la société religieuse et de la société civile, est en réalité la subordination de celle-ci à celle-là, celle du citoyen au croyant.

A ce point de vue, il n'y a plus lieu à discussion, la cause est entendue. La Religion est une chose, la vie civile en est une autre ; leurs principes et leur but sont absolument distincts ; la première vit du ciel et vise l'éternité : la seconde a le temps et la terre pour domaine. Le mieux serait que les deux sociétés s'ignorassent complètement, car on ne saurait admettre la suprématie de l'une sur l'autre. Des deux parts il y aurait tyrannie.

A priori l'union des Églises et de l'État, qualifiée d'union adultère par Vinet, l'un des premiers et des plus éloquents apôtres de la séparation, est une dualité de termes antipathiques conduisant ou à la théocratie ou à la violation des droits imprescriptibles de la conscience, par une ingérence étrangère, qui n'a d'ailleurs été souvent que le bras de la théocratie elle-même.

A posteriori, l'État moderne, les démocraties parfois, mais non toujours, car il y en a qui sont sous le joug du clergé, se déclarent pour l'indépendance des sociétés civile et religieuse, pour leur séparation. En France les masses populaires urbaines se prononcent généralement dans ce sens, parce qu'elles se refusent énergiquement à incliner la souveraineté de la nation devant une théocratie quelconque. La religion catholique dominant en France et étant essentiellement théocratique par nature, il en résulte l'antagonisme, la guerre fatale née de la rivalité des prétentions et des intérêts.

Chez nous la fraction dite avancée de la démocratie veut sinon asservir sa rivale, et au fond elle n'y répugnerait guère, du moins lui enlever toute action politique et civile. Tel est le motif qui lui fait supporter impatiemment le joug du Concordat. En présence de cette situation tendue et qui présage des violences, il faut se demander tout d'abord, la chose en vaut la peine, si, en France, dans les conditions religieuses et morales du pays, les radicaux atteindraient le but qu'ils se proposent, ou s'ils n'arriveraient point à un résultat diamétralement opposé.

On allègue des choses très justes contre le Concordat. Ce règlement ou contrat, dans la pensée de son auteur, se propose évidemment de constituer une Église gallicane. Or, celle-ci est, pour la masse des catholiques, une hérésie monstrueuse. — Le fait est parfaitement exact. Prise dans son ensemble, l'Église romaine a subi une transformation profonde : elle est devenue purement et simplement papale. Vouloir appliquer tout ce qui dans le Concordat vise l'éducation d'un clergé gallican, l'enseignement religieux gallican serait de l'insanité pure et une atteinte coupable à des consciences égarées, sans doute, mais très sincères.

On dit aussi que le Concordat accorde à l'Église romaine une situation privilégiée. Très bien rentée, sous la protection de l'État, elle attaque de front les principes de la société civile. Ce sont des fonctionnaires qui, chefs ou subordonnés, sont tous en état d'insurrection permanente contre la main qui les nourrit et qu'ils mordent à belles dents. Comment la République consentirait-elle plus longtemps à fournir des armes à ceux qui ont juré sa perte ?

On ajoute : Vous favorisez une ou plusieurs Églises et vous les faites entretenir par tous, bien qu'elles ne représentent que des institutions particulières et non un service public. Que celui qui veut entendre la messe la paie, mais que le dissident et le libre-penseur soient affranchis d'un pareil impôt. L'État ne doit à tous que la liberté et non la protection effective pour chaque croyance. D'ailleurs, il fait des privilégiés, puisqu'il réserve ses faveurs à trois ou quatre Églises, n'ayant cure des autres cultes existant ou pouvant exister, en dehors de ceux qui ont reçu l'étiquette officielle.

Enfin, on s'appuie sur ce dernier argument que l'Église, qui est soucieuse de ses intérêts et les comprend mieux que personne, est hostile à toute séparation. Donc, elle a le sentiment que cette séparation lui serait funeste.

La question de la séparation de l'Église et de l'État doit être traitée à un double point de vue : moralement d'abord, politiquement ensuite,

Moralement parlant, la question ne souffre aucune difficulté, car elle consacre l'un des plus grands progrès réalisés depuis les temps antiques, savoir la distinction radicale du citoyen qui est une chose et du croyant qui en est une autre. Partout où elle peut se poser avec cette simplicité, partout où elle n'est point compliquée par des considérations d'ordre politique, il faut la trancher dans le sens de l'affirmative. Or, dans quel cas est-elle affranchie de tout caractère politique? Toutes les fois qu'un clergé aura un caractère national, qu'il sera réellement autochthone, sans liens avec l'étranger. Ces conditions qui existent dans les pays protestants, leur font un devoir étroit de la séparation. Là, elle s'impose impérieusement, et je répèterais volontiers la parole de Vinet : « L'union de l'Église et de l'État est une union adultère, » parole qui stigmatise une situation vraiment contre nature.

Politiquement parlant, la question pourrait subir une profonde transformation, car il n'est pas impossible que ce qui est moralement bon et utile devînt absolument nuisible, pour la société civile, lorsqu'une nouvelle donnée fait subir une influence perturbatrice aux termes primitivement posés. Dans quel cas donc la question prend-elle un caractère politique? Toutes les fois que la religion, subordonnée à la direction exclusive d'un souverain étranger, présentera des principes hostiles ou contradictoires à ceux de la Société civile. En est-il ainsi pour la France ? La chose n'est point douteuse : il faut se rendre à l'évidence et reconnaître que la société religieuse est bien chez nous, par le fait de la nature du catholicisme, un véritable État dans l'État.

Néanmoins, la démocratie pourrait séparer définitivement la société civile et la société religieuse si plusieurs conditions se trouvaient réunies dans notre pays.

1° Si l'Église catholique, seule corporation religieuse pouvant offrir un danger réel au point de vue politique, était en minorité très marquée relativement aux autres corporations de cet ordre. C'est ainsi qu'aux États-Unis le catholicisme, ayant une importance numérique assez faible, la séparation n'y offre aucun inconvénient. Mais sa prépondérance est telle en France que le temps le favorise dans son absorption des Églises dissidentes.

2° Si le catholicisme, bien qu'étant en majorité numérique, avait perdu toute action sérieuse sur l'ensemble de la nation. Or, nous savons qu'il règne sans partage sur la moitié de la population, puisque les femmes lui appartiennent à peu près exclusivement ; de la sorte, il tient les maris en respect quand ils sont hostiles, et on ne saurait affirmer que ce soit le cas de la majorité des citoyens. Les classes rurales sont les plus nombreuses (environ 70 sur 100), et jusqu'à ce jour se montrent très affectionnées, par routine ou autrement, aux formes extérieures du culte traditionnel. D'autre part, l'élément libre-pensée prouve qu'il est absolument incapable de faire souche. Cet immense diocèse, comme on l'appelle, a des limites qui se dilatent ou se rétrécissent suivant le jeu des circonstances, aussi on ne saurait y voir autre chose que le fait d'une révolte purement individuelle vouée à l'impuissance irrémédiable, car elle ne peut se transmettre héréditairement, n'osant ou ne voulant point s'affirmer en dehors des cadres officiels du catholicisme. Celui-ci tient toujours les dehors de la place et paraît souvent vous saisir intégralement à l'heure dernière. Après avoir pensé comme Littré, on finit par passer, à son exemple, sous les fourches caudines du sacrement. Tel est le cas ordinaire, la règle. En France, tout est catholique comme l'éducation reçue : l'esprit, la morale, la conduite ont ce caractère chez le libre-penseur, comme chez le dévot le plus fervent. Un radicalisme engendre l'autre.

3° Si la suppression du budget des cultes devait être véritablement, comme quelques naïfs l'imaginent, un arrêt de mort pour les idées de nature cléricale, c'est-à-dire prétendant subordonner la politique à la religion. Étant donné l'état des esprits en France, l'aveugle crédulité des masses aisément inflammables aux incitations du clergé, elles considèreraient la suppression du budget des cultes comme une persécution impie dont les récits concernant la bête de l'Apocalypse, la férocité d'un Néron, la cruauté plus froide d'un Dioclétien, ne seraient que des expressions adoucies. Or, la persécution, ou ce qu'on prendrait pour tel, est l'aliment le plus propre à ranimer la foi défaillante, à exciter le zèle attiédi, à solliciter les explosions les plus dangereuses du fanatisme, qui se greffe avec tant de facilité sur toute atteinte, vraie ou imaginaire, portée aux droits de la conscience. Il y a là une corde puissante et redoutable qu'un clergé à nous bien connu ne manquerait point de faire vibrer, car, à son dire, il est déjà persécuté par cela seul qu'il ne commande plus dans la maison. Il y aurait en France un véritable branle-bas général, un affreux désordre dans les esprits pouvant se traduire par des faits matériels fort graves. Comment pareille considération n'entre-t-elle jamais en ligne de compte pour les radicaux? Méconnaissent-ils à ce point les sentiments du grand nombre, c'est-à-dire des classes rurales, dont la prépondérance est absolument inévitable sous un régime de suffrage universel? Sont-ils donc incapables de faire une simple addition? — Sachons avouer que la séparation des Églises et de l'État, dans les conditions mentales présentes du peuple français, pourrait compromettre irrémédiablement la démocratie, le tout pour la satisfaction enfantine de châtier un clergé hostile, en lui supprimant les faveurs budgétaires. Une telle conduite serait bien peu réfléchie et n'exprimerait que la voix de la passion, non celle de la raison.

Il n'y a certainement point de question plus propre que celle des rapports de l'État et des Églises, à montrer ce que c'est que la politique, et comment il y a des principes de haute morale individuelle et sociale auxquels les faits apportent des tempéraments tout à fait imprévus, imposés par les circonstances, les conditions de milieu. La distinction du citoyen et du croyant est le grand progrès du monde moderne qui doit affranchir les membres des diverses communions religieuses de l'ingérence oppressive de l'État.

De même la suppression de l'ingérence des Églises, dans la vie civile, doit affranchir le citoyen de toute atteinte à sa liberté extérieure et à l'indépendance de sa pensée. De fait il se trouve, non pas partout, car il y a des nations qui n'ont pas manqué le coche au XVIe siècle, mais en France que cette séparation est pour l'État un danger très sérieux, pour la démocratie une menace de mort, car il n'y a point de forme politique à laquelle le catholicisme soit plus hostile qu'à la démocratie, surtout quand elle est libérale. Il y a en effet des démocraties cléricales et l'Église romaine s'y accommode aussi bien qu'aux monarchies, peut-être même son action et sa puissance y sont-elles plus grandes encore.

Nous sommes donc ici en présence d'un intérêt majeur pouvant être celui de l'existence même. Il nous impose l'obligation de différer l'application d'un principe dont la vérité est d'évidence immédiate :

Vérité en deçà des Pyrénées, erreur au delà!

M. Renouvier, dans son bel ouvrage : la *Science de la Morale* et dans divers articles de la *Critique Philosophique*, a insisté, avec juste raison, sur la nécessité d'admettre, dans la conduite de la vie, une certaine casuistique, rappelant peu celle des trop célèbres Pères jésuites, et impliquant des tempéraments que les principes absolus en eux-mêmes reçoivent forcément dans la pratique. On ne saurait en avoir, dans l'ordre politique, une démonstration plus péremptoire.

Ceci posé, on voit ce que valent, pratiquement, les objections très fondées faites au Concordat. Il fut, sans conteste, une œuvre d'asservissement de la part du premier consul, qui voulut trancher du Louis XIV et établir autour de lui, comme un vrai rempart contre le Pape, un clergé Gallican. Il va de soi que tout ce qui procède d'une pareille idée est fatalement périmé. Certaines transformations du catholicisme peuvent présenter sans doute des dangers pour la société civile. Soit, mais alors tant pis! pour cette dernière si elle tient à conserver toujours la même étiquette religieuse. Elle n'a aucun droit sur la conscience, et malheur à quiconque y porterait la main!

Les membres du clergé catholique profitent certainement d'une situation privilégiée. Ils peuvent, et les exemples ne sont pas rares, bien qu'il fût injuste de les généraliser, se montrer des fonctionnaires en révolte, attaquer les principes de la civilisation moderne, la Révolution française, la République existante. De plus, parmi ceux qui les paient pour s'acquitter ainsi de leurs devoirs, il y a des gens qui croient autre chose qu'eux, ou même ne croient point du tout; cela est vrai, absolument vrai. Cela est-il décisif, catégorique, péremptoire? En aucune façon, car il faudrait démontrer que ces inconvénients très réels l'emportent sur ceux que provoquerait la séparation, savoir: le déchirement des esprits, les discordes civiles, les explosions toujours incalculables d'un fanatisme inévitablement déchaîné. Sans refuser à certains principes l'hommage qui leur est dû, un homme d'État sage et avisé tiendra compte des conditions de milieu, et refusera de se prêter à une politique aveugle et aventurée.

Il y a cependant un argument d'un autre ordre et qui paraît avoir une certaine importance : L'Église romaine, dit-on, qui a une conscience si claire de ses intérêts, ne veut point de la séparation. D'où l'on conclut que la séparation étant nuisible à l'Église, doit être utile à l'État. La conclusion n'est point contenue dans les prémisses.

Je ne crois point que le clergé, pour être le représentant officiel de l'abnégation et du renoncement, soit complètement insensible à l'idée d'abandonner une position qui lui assure une existence honorable. Il y a là une question d'intérêt à laquelle aucun homme ne peut demeurer indifférent. Selon toute apparence, la séparation entraînerait généralement une perte pécuniaire assez sérieuse pour le prêtre. Cette perte serait fâcheuse au point de vue du recrutement, qui offre déjà des difficultés dues surtout à l'invasion du pays par la moinerie. Les vocations religieuses prennent un tour plus exalté et s'enrôlent moins dans les rangs de la milice séculière. Toujours au point de vue du recrutement, il y a une autre considération qui préoccuperait beaucoup l'Église si la séparation était prononcée, ce serait la nécessité pour les jeunes lévites de faire un service militaire durant de deux à trois ans, pendant lequel les vocations religieuses auraient le temps de s'évanouir au contact d'exemples peu corrects.

De tout ceci il n'y a qu'une conséquence à tirer, c'est que l'Église et l'État auraient beaucoup à souffrir l'un et l'autre de la séparation. Leur intérêt commun est de rester unis, malgré leur antagonisme radical de principes et de méthode (1).

(1) Comme méthode pour l'Église l'amour (dont le socialisme a fait la fraternité), pour l'État la justice.

CHAPITRE X

L'Armée.

Dans cette question, il faut distinguer avec soin la durée du service d'une part, l'égalité du temps de service de l'autre.

1° **Durée du service.** — On sait très bien qu'il faut subir la nécessité du service militaire, mais on sait moins que nous sommes ici en présence d'une situation essentiellement relative. Nous avons à nos portes une puissance militaire de premier ordre, nous ayant infligé de cruels désastres; il nous faut donc une armée qui soit en état de lui faire face, une armée propre à défendre avec efficacité l'indépendance du sol national. D'où il résulte que le pays a à se préoccuper, non des sentiments personnels des électeurs préférant le service de 4 ans au service de 5, le service de 3 à celui de 4, le service de 2 à celui de 3, le service de 1 à celui de 2, et l'absence de tout service à celui d'un an, mais qu'il n'y a, dans l'espèce, qu'un seul critérium à avoir en vue, pour le temps à passer sous les drapeaux : savoir, les exigences de la sécurité nationale. Combien faut-il de temps pour faire un soldat de ce que j'appellerai un homme moyen, c'est-à-dire un paysan qui a quitté hier le manche de la charrue? Ce temps ne varie-t-il point avec les nécessités inhérentes à telle ou telle arme? Trois ans peuvent suffire à faire un fantassin et même un cavalier; en est-il de même lorsqu'il s'agit de l'artillerie et du génie?

Il y a là tout un ensemble de questions techniques dont la pleine intelligence exige que l'on soit du métier, qu'on le connaisse à fond. Pareille nécessité entraîne, par voie de conséquence, que sous le rapport de la durée du service, quoi qu'on en puisse dire, le mot d'ordre ne saurait être pris auprès d'un corps électoral incompétent. En parfaite ignorance de cause, il pourrait désarmer le pays et le préparer ainsi à l'invasion étrangère, au démembrement du sol national, à la ruine définitive de nos finances. Ce serait la fin du rôle important que nous avons joué, jadis, dans les destinées de l'Europe. Se lier sur un sujet de cette nature, par un mandat impératif, quand on est soi-même incompétent, serait un crime de lèse-patrie. Il n'y a donc et il ne peut y avoir d'autre critérium, pour la durée du service militaire, que les exigences de la sécurité nationale. En admettre un autre, dans le seul but d'assurer le succès d'une candidature, c'est agir soit avec déloyauté, soit avec aveuglement, et en tout cas faire œuvre de mauvais citoyen.

2° **L'égalité du temps de service.** — A côté de la question devenue, dit-on, populaire aujourd'hui de la durée maximum du service réduite à 3 ans, qui bientôt fera place à celle d'une durée de 2 ans, il y a une autre question non moins populaire, c'est l'égalité de service. Il faut, à ce qu'on assure, que tous les citoyens servent le même temps, sans quoi la loi serait injuste, puisqu'elle aurait deux poids et deux mesures.

La démocratie exige la disparition de tous les privilèges. Ceci posé, il ne reste plus qu'à démontrer que la pratique des choses, les faits eux-mêmes possèdent l'élasticité désirable pour se prêter aux impératifs de la logique égalitaire.

Je commence par l'étude analytique de la situation. Notre effectif ordinaire est de 500,000 hommes, sur lesquels on en compte 100,000 environ de service permanent, ou ne provenant point des appels. D'où il suit que les divers contingents doivent fournir seulement 400,000 hommes pour atteindre l'effectif nécessaire de 500,000. Or, sur une moyenne de 300,000 inscrits (306,000 en 1881), on doit défalquer 120,000 individus dispensés, exemptés pour motifs divers, ou entrant dans la marine (11,000), ou ajournés, ce qui laisse pour la part du contingent un effectif de 180,000 hommes propres au service. Répartis en trois années, ces 180,000 hommes donnent 540,000 hommes à ajouter aux 100,000 de service permanent, soit une armée de 640,000 hommes. Ce chiffre doit être diminué de 24,000 réformés annuellement, soit dans les trois années 72,000 hommes à déduire de 640,000 = 568,000. Ne pouvant avoir que 500,000 hommes sous les armes, le contingent est donc trop élevé, de 22,000 hommes par an. Dans le chiffre de 22,000 hommes en excès chaque année, on n'a point fait figurer les dispensés admis par la législation présente (12,000) et 8,000 ajournés devenus propres au service. L'excès devient ainsi d'environ 40,000 hommes annuellement.

Donc, dans l'état actuel des choses, en négligeant les dispensés et les exemptés, soit 100,000 individus environ, nous nous trouvons conduits à la nécessité de faire de deux choses l'une : ou augmenter notre budget de la guerre de 100,000,000 de francs, ou réduire à deux ans le service de trois, afin de rendre, si possible, les charges égales pour tous.

La première éventualité doit être repoussée. La seconde, avec le service imposé à tous sans exception, formerait un contingent de 600,000 hommes pour les deux années; total avec le service permanent 700,000 hommes. Comme on ne peut point se rabattre, dans l'intérêt de l'application du principe de l'égalité, sur un an de service qui ne fournit que 300,000 conscrits, on est contraint d'admettre des exemptions pour deux ans et un plus grand nombre pour trois ans. Dans cette donnée, comme dans la précédente, les charges militaires ne sauraient être égales pour tous.

Les chiffres que j'ai donnés précédemment seront accusés d'exagération évidente. Soit, je le veux bien, et consens à ne prendre que ceux qui ont été donnés par le Ministre de la guerre, en se plaçant au point de vue de la Commission spéciale. Après des éliminations importantes, et en relevant le minimum de la taille de 1^m54 à 1^m55, il reste 548,000 pour le chiffre des effectifs. Mais alors il se produit un résultat singulier que n'avaient point prévu les auteurs des nouveaux projets. Suivant la remarque de M. le comte des Roys, le nombre des dispensés pour frères sous les drapeaux diminue de 26,000 par année à 15,600. Cela fait passer immédiatement l'effectif de 548,000 hommes à 580,000. Il y a désaccord, il est vrai, sur le chiffre de 548,000 entre le Ministre et la Commission qui prétend n'obtenir par son système que 528,000 hommes d'effectif; un parti pris ne lui permet pas d'en accepter davantage. Acceptons donc les 528,000 hommes, mais en prenant la liberté d'y ajouter les 32,000 qui ne sont plus dispensés pour frères sous les drapeaux, dans la donnée du service de trois ans. On obtient alors l'effectif d'environ 560,000 hommes. C'est évidemment le cas d'augmenter le nombre des dispensés annuels, et d'élever de quelques nouveaux centimètres le minimum de la taille, ce qui produira une sélection dans le sens de ce minimum, mais n'établira pas davantage l'égalité des charges militaires. Borgnes, aveugles, manchots, boiteux, tordus, rachitiques, petite espèce pourront vaquer en paix à la reproduction dans notre pays. A eux d'assurer la recrutement de la race et celui des carrières libérales.

Au moment actuel nous avons 12,000 dispensés de tout service (enseignement, cultes), sous certaines conditions, tandis que d'après le système de M. Gambetta, il y aurait non 10,000, mais 19,000 dispensés annuellement, sans conditions aucunes, par les conseils de révision; ce qui, en dix années, laisserait en dehors de toute instruction militaire 190,000 hommes. De plus, 19,000 seraient renvoyés dans leurs foyers au bout de la première année, et 38,000 au bout de la seconde. Les 12,000 dispensés actuels ne le sont que dans un intérêt public, les 19,000 le seraient exclusivement pour satisfaire des intérêts privés. Enfin les 19,000 dispensés ne sont point en nombre suffisant pour les ressources budgétaires. N'oublions point que sans tenir compte des dispensés pour frère au service, l'excédent est d'environ 40,000 hommes par an, soit pour les trois années de 120,000, tandis que les appréciations de M. Gambetta ne donnent que 70,000 hommes.

La durée du service, fixé à trois ans, entraîne certaines conséquences qui ont dû préoccuper ceux qui l'ont mis en vogue. Partant de ce principe, qui est loin d'être un axiome : « Le pays réclame depuis longtemps, avec insistance, la réduction du temps de présence sous les drapeaux à un maximum de trois ans, et la répartition plus équitable des charges du service militaire, » M. Gambetta comprend à merveille le sort qui menace le cadre des sous-officiers. Actuellement, d'après les chiffres qu'il a fournis lui-même, sur 35,000 sous-officiers, il y en a 8,000 dus aux engagements volontaires, 12,000 appartenant à la 2me et à la 3me année, 15,000 à la 4me. Du chef de la réduction du service à 3 ans il y aurait donc 15,000 sous-officiers (chiffre trop élevé, dit-on) devant disparaître des cadres. C'est ainsi que s'est présentée l'idée, malheureuse et funeste, de faire faire un service de trois ans à tous les jeunes gens engagés dans les carrières libérales. On s'est dit que la partie intelligente de la nation serait une pépinière d'excellents caporaux. Que faut-il en penser?

Les hommes compétents considèrent le corps des sous-officiers comme tout à fait spécial, et c'est ainsi qu'en Allemagne il existe des écoles pour les former. C'est un exemple à imiter dans notre pays et telle est la pensée de M. le Ministre de la guerre. Il y a là une carrière qui, sans être toujours définitive, a besoin de durer beaucoup plus de trois ans, et qui ne saurait être occupée, sérieusement et utilement, par des individus qui attendraient avec impatience le moment de leur libération. Pour assurer le recrutement de cette carrière, on a pensé à accorder des avantages importants à ceux qui l'auront suivie un certain temps. Peut-être y aurait-il lieu d'exiger de tous les élèves sortants de Saint-Cyr un stage comme sous-officiers. On pourrait aussi admettre moins d'élèves à cette école et accorder une part véritablement plus large à l'avancement des sous-officiers. La perspective de porter l'épaulette un jour aurait probablement une grande influence sur beaucoup d'entre eux.

La question des sous-officiers n'a point d'ailleurs été posée par le service de trois ans, comme on le pense en général. La durée du service actif est déjà actuellement insuffisante pour obtenir un bon recrutement des cadres. De telle sorte qu'il faut absolument recourir à des procédés spéciaux, sous ce rapport, même en se tenant au point de vue de l'état présent des choses. Tant et si bien qu'on doit admettre l'aggravation d'une situation déjà fâcheuse, lorsqu'on passe de cinq ans, et surtout de 40 mois de service, à trois ans.

Quoi qu'il en soit des moyens à mettre en usage, on ne saurait méconnaître que c'est un sacrifice illusoire à réclamer des carrières libérales que de leur demander de fournir au recrutement des sous-officiers. La perte serait considérable et les fonctions mal remplies ou d'une façon tout à fait insuffisante. Il y aurait donc de ce chef un considérable affaiblissement de l'armée, c'est-à-dire un véritable péril national.

Ainsi, la question des sous-officiers n'est point résolue et il faut en chercher ailleurs la solution. Tel est le fait qui paraît incontestable aux hommes du métier. Mais il y a bien autre chose en jeu, des intérêts aussi graves que ceux de l'armée, auxquels d'ailleurs on n'accorde point une satisfaction suffisante. A côté de la fonction sociale de la défense du pays, il y a une autre fonction sociale, également de premier ordre, remplie par les carrières libérales.

Il faut n'avoir absolument aucune idée de ce que sont les études relatives à l'enseignement supérieur, aucune idée des difficultés qu'elles présentent, et de l'entraînement soutenu qui leur est indispensable, pour s'imaginer qu'on les peut interrompre pendant trois années de suite, puis les reprendre à nouveau. Non seulement il y a là plus que le temps de perdre les habitudes intellectuelles voulues, mais même le goût des études et des carrières qui leur correspondent. Parmi ces carrières, il y en a dont le recrutement deviendrait, dans de pareilles conditions, absolument impossible. Ainsi, nous sommes, en France, sous le régime concordataire dont l'État doit l'exécution loyale. Se rend-on bien compte de trois ans passés au régiment pour un jeune séminariste? Une année est certainement suffisante pour ébranler un certain nombre de vocations; mais trois ans! Chacun de ces messieurs ne saurait être un parangon de vertu; et, en supposant que la profession continuât à leur convenir au point de vue purement mondain, il pourrait y avoir des habitudes peu édifiantes prises au régiment, sous l'influence de l'exemple, et qui ne sont point faites pour rehausser le caractère sacerdotal. Les trois quarts peut-être des séminaristes ne résisteraient point à l'épreuve et les vocations s'évanouiraient. Or, comme il n'est point douteux que la France ne persiste, et je le regrette fort, à se maintenir dans les cadres officiels du catholicisme, elle doit se résigner à subir le régime concordataire, et, par cela même, n'en point empêcher le fonctionnement.

J'arrive à l'instruction primaire. MM. les Instituteurs ont réclamé l'honneur de servir leur patrie, comme soldats et au besoin de verser leur sang pour elle. Ce sont là de nobles sentiments qu'on ne saurait trop approuver, et il est certain qu'il serait bon qu'un instituteur connût et pût enseigner certains exercices militaires. Mais combien parmi les novices du professorat de l'instruction primaire, au bout de trois ans, auraient conservé le goût de la carrière qu'ils voulaient embrasser à l'origine ? Un nombre fort restreint, j'en ai peur. Je suis même tellement éloigné de consentir à voir appliquer une pareille expérience, que je ne voudrais pour eux ni du service de deux ans, ni même du service d'un an. Avec une vie où le travail de l'esprit est nul, où l'activité forcée s'unit à de très grandes fatigues physiques, le goût des études et de l'enseignement disparaîtrait en général. Quant au petit nombre de ceux qui tiendraient bon, ils seraient incapables de suffire aux exigences du recrutement scolaire, et s'il y avait, chose douteuse, un enseignement congréganiste fortement constitué, on serait contraint de le prier de reprendre possession. Voilà donc un second service complètement désorganisé comme le clergé, et la nuit de l'ignorance s'étendrait à nouveau, plus épaisse et plus sombre sur le pays entier. Hélas! depuis quelque temps nous avions cru entrevoir les premières lueurs du crépuscule. Or, sans un enseignement primaire, sérieusement constitué, nous n'avons point de démocratie viable en France. Dans l'espèce, le privilège lui est utile, le privilège lui est nécessaire, au moins dans la mesure et conformément à l'application que je viens d'indiquer.

Ce n'est pas tout encore. Nous avons un enseignement supérieur indispensable au recrutement du personnel de l'enseignement secondaire et de l'enseignement professionnel. Trois ans de régiment pour tout le monde, et c'en est fini de l'enseignement secondaire et de l'enseignement supérieur. Sciences et lettres, domaine élevé de l'esprit, s'évanouiraient avec la grandeur intellectuelle du pays. Ce serait une véritable décapitation. Un an, c'est beaucoup, trop même pour la carrière des lettres. Il y aurait déjà des inconvénients sérieux; mais, trois ans, c'est de la démence pure ou de l'ignorance équivalant à la démence. On a dit, sans doute, que l'on permettrait de devancer de trois ans l'époque de l'appel, par conséquent on pourrait être soldat à dix-sept ou dix-huit ans. C'est supposer gratuitement que, pour les études littéraires et scientifiques, l'entraînement nécessaire commence plus tard, tandis qu'il est dès lors en pleine voie de fonctionnement. Ensuite, toujours parce qu'on ignore les choses dont on parle, et sur lesquelles on propose des dispositions législatives, c'est méconnaître le fait essentiel qu'un garçon de dix-sept, dix-huit, dix-neuf ans n'est point un homme fait, et que par conséquent il n'est point en état de supporter, sans péril sérieux pour lui, les fatigues de la vie militaire. On n'a qu'à consulter la statistique sur la morbilité et la mortalité chez les conditionnels.

Le projet du gouvernement, moins fâcheux que celui de M. Gambetta, qui est absolument funeste aux destinées de l'enseignement, me paraît encore regrettable, et, sur ce chef, je réclamerai, comme pour le personnel de l'instruction primaire, le maintien du *statu quo*. Innover c'est très bien, mais à la condition de ne point faire des réformes inconsidérées. Sachons tout d'abord de quoi il s'agit, et commençons, avant de légiférer, par analyser les situations, seul moyen d'agir en connaissance de cause.

Quant aux autres professions libérales, en dehors de l'enseignement, elles auraient plus ou moins à souffrir du service de trois ans ou du service de deux ans. Avec un ajournement d'un an ou deux à la rigueur, quand il s'agit du droit, il serait généralement possible d'arriver à la licence. Au retour de l'armée, on pourrait certainement se mettre, non à l'étude aride des lois pour obtenir des grades supérieurs, concourir à l'agrégation pépinière du corps des professeurs titulaires, mais on pourrait aborder celle des dossiers. Il est assez généralement admis, parmi les juges et les professeurs de droit, que personne n'ignore plus profondément la législation que les avocats. Un peu plus ou un peu moins d'ignorance ne ferait point peut être, sous ce rapport, une bien grande différence. Il est donc admissible que la profession du barreau eût moins à souffrir que certaines autres, et cependant il me paraît bien difficile que ce nouvel état de choses n'en fît pas baisser le niveau immédiatement. Mais quant à cette partie de la magistrature qui est chargée de l'application des lois, et est tenue à se livrer, de ce chef, à des études longues, patientes, soutenues, approfondies, quelle épreuve pour elle que trois ans de caporalisme. Fort peu d'hommes en triompheraient, sans doute, et alors il faudrait, bon gré mal gré, recruter exclusivement le service de la justice avec des éléments pris dans le barreau, barreau d'ordre inférieur et d'une ignorance avérée. Il est vrai qu'avec la ressource de l'élection il serait permis de choisir des juges absolument étrangers à la jurisprudence. Le tableau aurait sa dernière touche.

Pour la médecine, avec les trois ans de présence sous les drapeaux, il n'y aurait plus que le métier de possible, la science disparaîtrait. Les docteurs seraient quelque chose tenant de l'officier de santé, de la sage-femme et de l'herboriste. En d'autres termes, des empiriques vulgaires. Là aussi la France serait décapitée dans une profession qui a été l'une des gloires du pays, qui est encore un centre très important d'activité intellectuelle. Désormais, le niveau plat et bas n'aurait rien qui pût exciter les susceptibilités d'une démocratie ombrageuse. Sans doute les étudiants en médecine seraient en majorité, en totalité peut-être affectés au service des hôpitaux militaires, à titre d'infirmiers de visite. Mais, autre chose est de voir et autre chose est d'apprendre. On n'apprend d'une manière approximative qu'à l'aide d'un enseignement et de livres. Il faut avoir fait des études préalables d'anatomie, de physiologie, d'histologie, de physique et de chimie. Puis vient la part du maître et des auteurs qui fécondent ces données élémentaires. Peut-on s'imaginer, un seul moment, que les médecins militaires rempliraient un tel rôle! Dans la donnée du service de trois ans, les infirmiers de visite seront des infirmiers qui, au lieu de laisser perdre tout ce qui passera sous leurs yeux, en tireront peut-être quelque profit, suivant le degré de connaissance où ils seront arrivés. Puis, sortis du service, les postulants au doctorat, déshabitués du travail intellectuel, par les trois années passées au corps, reprendront comme ils pourront leurs études médicales, subiront des examens à la diable et seront reçus, parce qu'on ne pourra les refuser tous, d'abord, et ensuite parce que les maîtres passeront, à leur tour, sous le même niveau d'infériorité.

Le génie civil aurait certainement à souffrir, et avec lui l'industrie, d'une interruption de trois ans pour les études théoriques. Les professions industrielles et commerciales pourraient souffrir également, d'après ce que disent les économistes et les hommes du métier. Pour créer des débouchés à la production du pays, il faut aussi créer au loin des maisons françaises, en correspondance avec les nôtres. C'est là une condition de première importance, qui est mise en échec par le service de trois ans.

Ainsi le clergé, l'enseignement à tous ses degrés, la magistrature, la médecine, le génie civil, le commerce, l'industrie, sans parler des beaux-arts, voilà tout un ensemble de carrières dont le recrutement sera plus ou moins paralysé et dont le niveau va fatalement descendre avec la réalisation du projet de M. Gambetta. Or, l'affaissement intellectuel d'un peuple, c'est la science menacée, c'est la prospérité industrielle et commerciale en péril imminent, c'est le travail de tous atteint dans ses sources vives, c'est notre puissance militaire frappée au cœur. En présence de nations s'outillant de mieux en mieux pour les luttes pacifiques et guerrières, tâchant d'élever sans cesse leur niveau intellectuel et scientifique, notre part ne sera-t-elle point la défaite absolue, irrémédiable, comme couronnement de la décadence qui nous attend? Ce sont les gros et les forts qui mangeront le faible; c'est le triomphe du lion, cet antique apôtre du darwinisme, appliqué de tout temps à la sélection humaine et à la détermination des grandes lignes de l'histoire. Tel est le destin qu'on nous prépare, sous le prétexte de faire de l'égalité d'abord, de bons caporaux ensuite. Utopistes renforcés, pour ne pas dire enragés, c'est donc la France qui, ici encore, doit périr plutôt qu'un principe!

Un pareil délire porte atteinte aux intérêts sociaux de l'ordre le plus essentiel. Le savant, le magistrat de haute valeur, le grand artiste, le littérateur de génie, le médecin éminent, l'ingénieur qui réalise les merveilles de l'industrie, le professeur qui prépare le capital intellectuel des générations qui s'élèvent, sont les pièces maîtresses de l'organisme social; et si elles ne sont pas entretenues, tout risque de se ralentir, puis de s'arrêter, dans la machine, qui sera bientôt la proie de la rouille et du temps. Dans une armée ne doit-on pas distinguer, au point de vue du rôle à remplir, les officiers supérieurs des officiers inférieurs et des simples soldats? Les premiers sont ils tenus à faire le coup de feu et à braver les mêmes dangers que leurs subordonnés? Dans l'intérêt de ceux-ci même ne faut-il point que les chefs chargés du commandement se ménagent dans le combat? Eh bien! dans la lutte pour l'existence entre les peuples qui est la loi de l'Histoire, il faut également, pour le salut des petits, que les forts, les chefs de la nation, puissent se recruter d'abord, et être ménagés ensuite, car sans leur direction, sans leur pensée éclairée qui est le vrai palladium des masses, celles-ci et le pays périront misérablement. Autour de nous on est fixé sur les conditions indispensables à réaliser pour qui veut triompher dans la lutte de la vie. On ne cherche point à appliquer toujours et quand même une règle uniforme et égale pour chacun, établissant la médiocrité partout. Puis quand le jour est venu, au nom de la science et de la puissance accumulée de l'esprit, on écrase les adversaires imprévoyants, enivrés de logique, et on prend leur place au soleil.

Il me paraît surabondamment prouvé que c'est pour satisfaire des intérêts privés, nullement en vue de l'intérêt social qu'on veut changer la répartition des charges militaires. Bien entendu qu'il s'agit en apparence d'un principe fort exigeant, celui de l'égalité auquel on veut donner satisfaction. Mais quand on y regarde d'un peu près, on reconnaît que la loi de 1872 accorde déjà une très large part aux intérêts privés, puisque les cinq catégories de l'article 17 dispensent du service d'activité en temps de paix 44,000 hommes. Aujourd'hui on nous propose de faire exempter par les conseils de révision, responsabilité bien redoutable pour eux : « les jeunes gens qui se trouvent dans les situations de famille les plus nécessiteuses ou les plus dignes d'intérêt ». Le nombre des exemptés serait de 19,000. Si nous rapprochons de ce fait les 19,000 hommes à renvoyer au bout d'un an, les 38,000 à renvoyer au bout de deux ans, les 31,000 déclarés impropres à tout service actif, les 23,000 ajournés, les 44,000 dispensés mentionnés ci dessus, il se trouve que sur un contingent de 300,000 hommes, au moins la moitié obtient des avantages refusés à l'autre partie du contingent. Nous sommes donc non seulement en présence d'une inégalité fatale, mais encore les nouvelles modifications proposées accentuent cette inégalité dans le sens des intérêts privés. Au lieu de la faire par le haut, elle se fait par le bas, avec la circonstance aggravante de se faire aux dépens de la chose publique.

La règle démocratique de l'égalité absolue ne saurait être appliquée, pour des motifs budgétaires et autres. Cela posé, après avoir fait une part très importante aux intérêts privés, la société ne saurait-elle intervenir à son tour et réclamer les garanties nécessaires à son existence? Peut-elle permettre d'étouffer, dans leur germe, l'intelligence et la vie supérieure de la nation?

Le principe démocratique de l'Égalité, pris dans toute son extension, créerait un véritable péril social et serait une cause de ruine complète à brève échéance. La sélection pratiquée par en bas, dans le projet de M. Gambetta, aurait exactement les mêmes effets. Pourquoi donc s'engager dans une voie qui ne peut avoir d'autre issue que la perte du pays? On nous parle de la volonté du peuple qui exige le service de trois ans, et celui-ci est devenu l'occasion des mesures proposées, qui ont pour but la constitution des cadres inférieurs, absolument désorganisés par cette courte durée du service. Des mesures meilleures peuvent sans doute être mises en usage, mais, au préalable, il est permis de se demander si cette volonté du peuple est bien réelle, bien connue? Ceux qui l'exploitent, au moment actuel, n'ont-ils pas été les premiers à la faire naître, lorsqu'ils sont venus dire dans leurs programmes à l'électeur : « Mon doux ami, ne seriez-vous point bien aise de voir réduire les exigences du service militaire? Cinq ans c'est trop, n'est-il pas vrai? Quatre ans, c'est trop encore; mettons trois ans jusqu'à nouvel ordre, car peut-être, plus tard, pourra-t-on faire aussi quelque chose pour vous. » L'électeur, qui ne connaît rien de la question, si ce n'est qu'il préférerait ne jamais servir, et que ses enfants ne servissent point, trouve ce patelinage adorable. Dans la simplicité de son cœur, touché d'avances aussi charmantes, il vote pour l'homme qui lui a fait entendre comme un chant de sirène, et qui est tout prêt, quand le scrutin s'ouvrira de nouveau, à essayer de le charmer encore.

O vous qui, piqués de l'œstre politique, flattez, flagornez sans cesse la masse électorale, le citoyen naïf, inconscient, qui ne sait et ne peut savoir les exigences supérieures de la vie des peuples, insensés! quelle œuvre faites-vous donc? En ne songeant qu'à vous, à votre succès devant le scrutin, êtes-vous aussi naïfs, aussi inconscients que vos victimes? ou ne voyez-vous que votre intérêt personnel de l'heure présente? Tôt ou tard, vous recevrez le salaire de vos fautes, volontaires ou non. Mais une autre expiation se prépare si le pays, bercé d'illusions, vous écoute et vous suit. Alors il marchera, d'un pas rapide, vers l'abîme creusé de vos propres mains, qui menace de l'engloutir, vous et lui!

CHAPITRE XI

Le Principe social.

L'instinct de sympathie, l'attrait mutuel des sexes ont été les premiers mobiles des rapports sociaux. La famille créée, le culte des ancêtres en devint la plus ferme garantie d'existence, et le véritable lien de la société fut alors la religion. Elle est le principe essentiel qui présida aux groupements divers qui, par leur extension, formèrent plus tard la cité antique. L'individu complètement subordonné à la famille, le fut au clan, à la tribu, à la cité. Cette tradition d'autorité a persisté jusqu'aux temps modernes.

La révolution française s'est évidemment placée au point de vue de la liberté individuelle, principe de Locke et du protestantisme. Elle se présente comme la revendication du droit qui n'est que la liberté. Quand elle proclame l'égalité, elle l'entend comme étant l'égalité des droits, c'est-à dire des libertés; elle affirme donc à nouveau son propre principe. L'égalité des droits, supprimant toute différence de nature entre les hommes, conduit à la fraternité. Celle-ci est impliquée, d'ailleurs, dans cet instinct de sociabilité qui rapproche les hommes entre eux, en fait de petites familles d'abord, puis une grande qui les embrasse toutes.

Dans l'œuvre primordiale de la Révolution, on constate une logique profonde et serrée, facile à reconnaître sous la diversité des expressions. Le principe de l'état social est un, c'est la liberté individuelle qui a pour déductions l'égalité et la fraternité. Or qui dit liberté implique le consentement mutuel, le contrat bi-latéral. Notre subordination à la société n'est point entière, comme dans la donnée antique; elle est conditionnelle et volontaire. L'autonomie de l'individu, ses droits sacrés et imprescriptibles ne peuvent se concevoir que si le principe de l'évolution sociale est la personne elle-même et non la collectivité. Notre adhésion aux conventions établies est spontanée, de consentement commun : elle équivaut à un contrat.

Le contrat, au lieu de l'autorité extérieure, sous le vocable de la force ou de la théocratie, telle est donc l'originalité, la grandeur de l'œuvre procédant de la Réforme par Hubert Languet [1], et le philosophe Locke, œuvre théoriquement accomplie par la Révolution française. Locke admettait la légitimité de la révolte non seulement contre le pouvoir exécutif, mais aussi contre le pouvoir législatif, lorsque celui-ci supprime l'exercice des libertés qui sont des droits imprescriptibles. De cette pensée, on trouve l'écho dans ces paroles de la constitution de 93 : « Sous un gouvernement tyrannique l'insurrection est le premier des devoirs et le plus sacré des droits. » Le corps social existant pour la protection de ceux-ci, le despotisme rompt le contrat et se met en état de guerre contre l'individu, qui se trouve dans le cas de légitime défense. De par la liberté naturelle, de par la Révolution française, il y a donc un domaine réservé, inviolable pour tous, comme pour chacun. Ce

(1) Voir le *Vindiciæ contra Tyrannos* d'Hubert Languet.

domaine n'appartenant point à l'observation extérieure, car il ne peut ni se voir ni se toucher, Comte l'a traité de conception métaphysique, et il y a là un principe anti-social pour lui comme pour tous ceux qui, dans l'organisation de la société, se livrent à la contrefaçon de l'antiquité et du catholicisme.

Historiquement, Révolution et Liberté furent conçues, en 89, comme termes synonymes, mais bientôt il y eut distinction, opposition entre la démocratie et la liberté. La première prit, sous l'influence dominatrice du milieu, des traditions ayant constitué celui-ci, un caractère tyrannique : des droits naturels personne bientôt n'en eut cure, et il ne subsista plus que la liberté politique et l'égalité approximative de tous devant la loi.

Il y eut donc une tendance générale à déplacer de nouveau l'axe du système social, les Jacobins dans le sens de l'autorité comme premier principe, sous la formule de l'égalité ; les socialistes dans le sens de l'autorité, sous la formule de la fraternité.

La tradition jacobine, on le sait, n'est rien moins que libérale. Elle nous offre la Montagne aux prises avec la Gironde, le tempérament catholique pénétrant au sein des institutions républicaines. Son idéal procède certainement de la collectivité, mais d'une collectivité exprimant un certain type très généreux pour la liberté politique, et plein de réserves pour les droits naturels. Ceux-ci ne doivent exister que dans la mesure utile au bien de l'État, et leur règle d'application est l'égalité devant la loi. La liberté politique est un instrument non à briser, mais à conduire dans la bonne voie, et si elle s'égare, alors au nom de la souveraineté du but, par violence législative ou par la force ouverte, on fait un acte sauveur de tutelle envers des mineurs égarés. La règle d'application du droit politique est également l'égalité de tous devant la loi. L'autorité extérieure à l'individu, l'omnipotence de l'État, la dictature s'exerçant égalitairement, tels sont les traits généraux du système qui n'est qu'une espèce de compromis ou de synthèse entre l'ancien et le nouveau régime.

L'égalité des droits n'implique nullement d'ailleurs, pour les Jacobins, l'égalité des conditions. La propriété individuelle qu'ils ont en grande estime est pour eux, et à juste titre, une des conquêtes les plus précieuses de la Révolution, bien qu'ils aient le tort d'assigner au principe même une origine légale. Les autres droits peuvent n'avoir à leurs yeux qu'une importance relative, mais sur celui-ci ils ne transigent point. Il en résulte que le Jacobin est l'ennemi naturel du socialisme collectiviste ou communiste, en un mot de toute secte prétendant porter atteinte à l'une des assises essentielles de la civilisation moderne.

En se plaçant à un point de vue général, on reconnaît que le libéral va du droit individuel ou liberté originelle à l'égalité, de celle-ci à la fraternité. Le Jacobin va, au contraire, de l'autorité extérieure concentrée dans l'État, formule supérieure de la société, à l'égalité qu'il impose comme un fait de nature, puis de l'égalité à la fraternité. Dans le premier cas, l'égalité est une notion déduite de la liberté, tandis qu'elle paraît primitive dans le second. La donnée du socialisme se distingue des deux précédentes, car de la fraternité, conséquence dernière, il fait un principe primordial.

Comme le jacobinisme, et plus complètement encore, le socialisme est une doctrine autoritaire. D'après cette doctrine, l'individu est subordonné entièrement au corps social. Le gouvernement paternel qu'elle implique n'est plus exercé par le chef de famille, comme dans l'antiquité, ni par le chef de l'État, comme dans le système autocratique, mais par la collectivité elle-même. De son flanc robuste et fécond essaiment toutes les individualités, et à elle incombe le devoir strict d'assurer la subsistance de chacun des siens. Ceux-ci se trouvent à son égard dans la situation passive du jeune enfant vis-à-vis de sa mère. Nous voici donc revenus à un état analogue à celui de la famille antique, vivant sous l'autorité absolue d'un chef et sur un patrimoine commun. Le principe supérieur est la fraternité de tous, et la règle de leurs rapports est naturellement, par voie de conséquence, l'égalité. Celle-ci, au lieu de se présenter comme la source et l'origine de la fraternité, en dérive au contraire; elle n'est plus qu'une notion déduite à l'inverse des affirmations du Jacobin. Enfin le socialisme, malgré certaines apparences contraires, ne reconnaît que l'égalité absolue entre les frères, comme droit de l'individu; mais personne n'en saurait posséder à l'égard de la société, de la mère commune. De ce chef il n'y a et il ne peut y avoir que des devoirs. Nous sommes revenus absolument à la donnée morale du catholicisme et du positivisme, qui en ont hérité de l'antiquité païenne.

L'autorité extérieure, comme principe social, peut

procéder encore de la violence ouverte, non à titre d'accident, mais érigée en système. Alors il n'y a plus ni liberté, ni égalité, ni fraternité. Les jeux sanglants de la force font disparaître toutes ces billevisées qui sont autant de conceptions métaphysiques bannies par la science positive. Celle-ci repose sur l'observation extérieure, sur l'histoire biologique du monde pris dans son ensemble. A ce point de vue il n'y a qu'une conclusion possible : l'extermination du faible par le fort, dans la bataille de la vie. Telle est la voie nécessaire du progrès, se faisant par sélection. Le *væ victis!* est le seul hosannah qui, de la nature, s'élève vers son auteur, Dieu du meurtre et du carnage.

Avant de chercher à établir la véritable essence du principe social, je commencerai par éliminer ce que prétendent établir certains adeptes d'un soi-disant progrès, savoir le Darwinisme conçu comme la loi morale de l'humanité. Certes, je suis loin de nier le rôle de la concurrence vitale chez les animaux et chez l'homme lui-même, mais elle n'est trop souvent, lorsqu'il s'agit de ce dernier, que la suppression de la justice — voilà pour la raison — et de la sociabilité — voilà pour l'instinct. Prendre le fait pour le droit, l'induction des mœurs des animaux pour la règle de notre espèce, c'est anéantir toute moralité individuelle et sociale. Le *struggle for life* n'est autre chose, dans sa donnée élémentaire, que la sauvagerie native, la justification de tous les brigandages, la férocité s'épanchant sans obstacle dans la mesure de l'utilité particulière ou générale ; particulière c'est au besoin le vol et l'assassinat, collective c'est la guerre injuste, c'est une nation mise en coupe réglée par une autre qu'elle gêne. Certes, nous savions déjà que tout cela existe et nous en rougissions pour l'humanité qui tombe, par de pareils actes, au niveau de la brute sanguinaire : mais, jusqu'à ce jour, on n'avait point prétendu légitimer pareille règle morale et nous l'imposer au nom d'une science calomniée. Dites donc qu'elle est l'œuvre des savants, s'il vous plaît, des savants aveugles, généralisant par esprit de système et qui sont incapables, pour ce qui les concerne, de mettre jamais en pratique de semblables maximes. S'entendre bien avec soi-même, s'équilibrer intellectuellement, ranger harmoniquement ses propres conceptions, est, paraît-il, chose bien difficile, car chez de tels hommes règnent le pour et le contre, la contradiction intime. N'est pas logique qui veut.

Dans l'Animalité, les lois sont des faits généraux ; dans l'Humanité, et c'est précisément en ceci qu'éclate le mal fondé de l'application à l'éthique de l'hypothèse de Darwin, les lois ne sont point toujours des faits généraux. Pareil caractère ne saurait être attribué aux lois morales, ce qui prouve que leur acception n'est plus la même que celle des lois physiques et physiologiques. Celles-ci constatent ce qui est, tandis que celles-là poursuivent la réalisation de ce qui doit être, savoir un idéal conçu à l'occasion de l'expérience.

Après avoir rejeté une théorie par laquelle liberté ou droits, devoirs, fraternité sont supprimés sans phrases, je vais examiner la nature du principe social au point de vue du libéralisme, du jacobinisme et du socialisme. Ces trois doctrines partent de données *à priori* ou métaphysiques, ainsi qu'on va s'en rendre compte aisément.

En effet, dans l'hypothèse de la liberté, il y a évidemment un *à priori* qui est le fait même de la liberté ou du droit personnel. Ce fait n'est point *à posteriori*, aussi toute doctrine dite positive le rejette formellement. — L'égalité est également une hypothèse pour laquelle le positivisme n'a montré aucune tendresse et qui, à vrai dire, est démentie par l'observation. Il n'y a rien de plus inégal, objectivement parlant, que les hommes entre eux. L'égalité n'étant point une vérité d'expérience est donc un *à priori*, une conception purement rationnelle. — La fraternité implique, elle aussi, une conception générale abstraite qui est l'humanité ou la société, *à priori* très discutable. On admet, sans doute, qu'il est réalisé sous la forme concrète de la famille considérée comme son expression primitive. Mais l'humanité pourrait fort bien être multiple, au dire de ces polygénistes qui, avant Darwin, ont fait quelque figure dans le monde. Les nations, les races ne sauraient être considérées d'une manière générale, au nom d'une observation certaine, comme étant la famille agrandie. — L'humanité est une abstraction, et la fraternité repose sur une hypothèse invérifiable, peut-être même invraisemblable. C'est une pure conception de l'esprit.

Dans tous les cas, nous sommes donc en présence d'*à priori*, de *data* conçus à l'occasion de l'expérience, en d'autres termes d'hypothèses qui ne sauraient être justifiées directement, ni par voie déductive. On ne saurait admettre, ici, d'autre preuve indirecte que la vérification ou confirmation expérimentale suivante : les faits sont-ils d'accord avec les hypothèses ?

J'ai déjà rejeté le darwinisme comme supprimant ce qu'il devrait conserver et au besoin expliquer. La même règle s'impose pour les autres théories. Il existe, dans l'homme, des faits primitifs, irréductibles, source de tout droit écrit, de toute législation, de toute morale collective ou particulière. Cela posé, il est de toute rigueur que le principe social admis se concilie avec ces faits, car il est manifeste qu'il en est le postulat nécessaire. Telle est la seule vérification expérimentale possible dans l'espèce.

Avant d'aborder toute discussion, il me paraît opportun de rechercher sur ce point particulier le témoignage de l'Histoire. Le principe social est ce qu'il est ; mais, en réalité, comment les choses se sont-elles passées, dans l'humanité, depuis ses plus anciennes origines jusqu'à nos jours ? Partout où le progrès s'est manifesté, en série régulière ou irrégulière, on remarque un développement dans un sens déterminé. En prenant comme termes les plus distincts la liberté individuelle et la collectivité, on doit se demander quelle a été l'évolution historique sous ce rapport. Avons-nous commencé par la liberté, marchant toujours, par étapes plus ou moins longues, économiquement, politiquement, vers l'état collectif de la famille et de la commune ? Ou bien s'est-il produit un phénomène inverse et sommes-nous partis de la famille, première ébauche d'organisation sociale, pour arriver à la consécration du droit individuel aux divers points de vue moral, religieux, politique, économique ? Le progrès, sans doute, n'est nullement nécessaire à l'homme, qui peut végéter, piétiner sur place d'une manière indéfinie. Mais lorsque ce progrès existe, il ne se produit que sous certaines conditions, et celles-ci, pour le cas particulier, établissent le développement dans le sens du général à l'individuel, de l'abstrait au concret, de la collectivité inconsciente à la personne morale.

Je prends maintenant les notions de droit, de devoir, de justice, de sympathie ou d'instinct social, et vais m'en servir comme d'une pierre de touche pour juger les doctrines libérale, jacobine, socialiste. Dans la donnée familiale antique, ou socialiste moderne, le droit est générique, non individuel. Le père lui-même, dans l'antiquité, n'a aucun droit personnel; il représente le principe abstrait de sa propre famille, la série des aïeux. — Le droit a alors une nature exclusivement religieuse, et tous les membres de la famille sont tenus au devoir sans réserve vis-à-vis de ce droit, le père comme les autres. Là où il n'y a que des devoirs, la justice est absente, puisqu'elle exprime un équilibre entre les droits et les devoirs corrélatifs. Quant à la sympathie, elle était assez restreinte à une époque où les termes d'étranger et d'ennemi étaient synonymes.

Dans la conception socialiste moderne (collectiviste ou communiste), il n'existe que des devoirs d'obéissance des membres de la commune ou collectivité quelconque vis-à-vis de cette dernière. La collectivité chargée du soin de la fortune publique, en recueille les fruits et les partage, au prorata du travail et des besoins, suivant les exigences de M. L. Blanc. Il y a là une œuvre de providence accomplie par la famille associée, mais celle-ci refuse tout droit d'appropriation personnelle à l'individu, qui n'est qu'un simple organe du mécanisme social, et ne jouit d'aucune autonomie réelle. Aussi les droits de l'individu sur la communauté sont-ils beaucoup plus apparents que fondés en nature. Le travail récompensé, les besoins satisfaits ne sont autre chose que l'huile versée sur les rouages, pour le plus grand bien du mécanisme social. La société n'existe point pour les individus, mais ceux-ci existent pour la société, qui est tout, puisqu'elle règle tout, et ne laisse aucune place, petite ou grande, pour la libre expansion de la personne. On possède ainsi le bonheur du cénobite, la félicité du cloître, dont la règle alimentaire n'est point trop rigoureuse.

Dans cette conception je retrouve la notion du devoir, tout comme dans un couvent quelconque, mais la notion du droit y est absolument étrangère, comme partout où on a abdiqué sa qualité d'homme avec sa liberté. Et la justice? Celle-ci est sans doute invoquée dans la circonstance, puisqu'on nous représente un pareil état de choses comme en étant la réalisation. Je me contenterai de dire que partout où il n'y a que des devoirs et point de droits, la justice, balance exacte établie entre les uns et les autres, la justice n'existe point. L'instinct social est, au contraire, conservé et a un rôle prépondérant.

Donc dans la conception qui fait de la société le principe et de l'individu une simple émanation du principe, la vérification expérimentale manque à la théorie qui, pour être vraie, devrait comprendre toute l'expérience psychologique. Or, il n'y a plus, ici, ni droit ni justice.

La doctrine jacobine fait de l'égalité le principe de l'état social. A première vue on doit constater une confusion évidente, car l'égalité est un rapport déterminé qui dépend de la position de certains termes. Or, nous voulons savoir tout d'abord la raison de la situation des termes, en d'autres mots de l'état social lui-même. La notion d'égalité est donc déduite, non primitive, et c'est le primitif que nous cherchons. Donc nous sommes en présence d'une évidente erreur d'appréciation et de méthode, sauf recours à une autorité extérieure non légitimée : celle de l'État.

L'égalité peut exister soit dans la liberté, soit dans la servitude. Tel est le principe. En fait, c'est-à-dire d'après l'observation prise dans les couvents ou sur la scène du monde, l'égalité a existé dans la servitude, sous le régime des démocraties autoritaires, et sous les régimes théocratique et autocratique. D'une part il y a eu égalité de devoirs, mais personne n'a eu de droits: d'autre part, lorsqu'il y a eu des droits reconnus, comme dans les démocraties, il s'est agi essentiellement de ceux du citoyen et non des droits de l'homme. On ne les a point niés, on a pu même en faire étalage, mais on les a fortement négligés dans la pratique. Ici encore il y a une erreur de méthode. La première chose à établir n'est point les droits du citoyen, mais ceux de l'homme. Ces droits sont les libertés originelles dont la liberté politique, fait secondaire et déduit, n'est que la consécration et le moyen de sauvegarde extérieure.

En réalité la démocratie jacobine n'a guère respecté les droits naturels et elle a une tendance marquée à ramener la notion de droit à la loi écrite, et par suite à se servir de la liberté politique pour étouffer le droit naturel, assurant ainsi l'esclavage de l'homme par l'intermédiaire du citoyen. Or là où la liberté n'existe point il n'y a plus, malgré l'égalité de tous devant une loi oppressive, de justice possible, puisqu'elle est l'équilibre des libertés ou des droits. Là où il n'y a plus ni liberté ni justice, quand on néglige d'invoquer la sympathie, l'amour qui n'est point le Dieu du Jacobin, il n'y a plus d'autre principe social que la force, et celle-ci n'a jamais eu d'autre préoccu pation que la souveraineté du but. Pareille doctrine omettant les notions de droit, de justice, de sympathie, demeure en dehors de toute vérification expérimentale.

J'arrive enfin à la doctrine libérale qui a son point de départ dans l'hypothèse des droits de l'homme. Par là cette doctrine arrive au droit politique, notion consécutive, et en admettant l'existence de droits corrélatifs, elle fonde la notion de justice; d'où l'égalité des libertés. L'égalité impliquant la parité de nature, conduit à la fraternité qui concorde pleinement avec l'intinct de sympathie ou du groupement social. En formant ainsi un tout homogène et bien lié, n'ajoutant rien à l'observation, ne mutilant point non plus la nature humaine, après l'avoir étendue sur un lit de Procuste, le principe de liberté trouve donc, dans les faits eux-mêmes, cette vérification expérimentale vainement cherchée, en sociologie, pour les théories procédant de la force, de l'égalité, de la fraternité. Vu les origines religieuses de notre nation, son caractère catholique, c'est-à-dire radical, à formules invariables, absolues, le système jacobin est un péril manifeste pour la démocratie française. Notre pays est à l'abri, je crois l'avoir démontré péremptoirement ([1]), de tout retour à la conception sociale inférieure de l'antiquité. Le recul est économiquement impossible et nous ne saurions remonter aux bégaiements sociologiques de l'espèce humaine. Mais quand il s'agit du système jacobin représentant malheureusement chez nous les tendances du grand nombre, c'est tout autre chose. Le catholicisme qui n'admet dans l'homme que des devoirs, est assez logique pour ignorer ses droits, et il a pour méthode essentielle la souveraineté du but. Le jacobinisme est moins conséquent, il est vrai, puisqu'il accepte des droits politiques et reconnait, à titre de concessions faites par la société, d'autres droits déduits de la législation, tels que libertés de conscience, d'expression de la pensée, du travail, de propriété. Mais sa manière de concevoir ces droits déduits, qui sont en réalité primitifs, est des plus dangereuses, car ce que la société octroie elle peut le retirer, lorsque son bon plaisir, la souveraineté d'un but quelconque à atteindre l'exige. Après le catholicisme hostile par nature aux institutions républicaines, le plus grand péril pour la démocratie française lui vient du frère cadet du catholique, savoir le jacobin; ce sont deux frères, en effet, d'autant plus ennemis et acharnés l'un contre l'autre que leur parenté est étroite et leur affinité morale intime.

J'ai dit le plus grand péril, parce que tout régime politique aspirant à vivre, doit respecter la liberté de chacun. Un système tyrannique, n'importe lequel,

([1]) *La Question sociale en France*, ouvrage publié l'année dernière.

dans le milieu qui nous est propre, après avoir mécontenté, froissé, irrité les instincts d'indépendance; contrarié, supprimé l'exercice des droits de la personne, provoque à la fin une réaction puissante qui le balaie de la surface du pays. Après avoir semé le vent, le jacobinisme recueillerait sûrement la tempête; malheureusement il ne périrait point seul. La démocratie, en France, comme si la destinée lui réservait une série sans terme de catastrophes identiques, serait à nouveau la proie de la tourmente déchaînée, et ce serait encore et peut-être toujours à recommencer. Telle la terre, éternellement emportée dans son orbite, à travers l'espace, revient invariablement passer par les mêmes positions relatives.

CHAPITRE XII

Le Principe politique.

On dit généralement qu'étant donnée une république démocratique, elle a le suffrage universel pour principe politique; ce qui revient à dire que ce principe tire son origine et sa valeur propre de la collectivité. Il y a là une véritable erreur tenant à des apparences qui frappent les esprits superficiels et leur cache le fond des choses. Pour arriver, sur ce chef, à une notion rigoureuse et précise, il est nécessaire de soumettre, tout d'abord, le suffrage universel à un examen analytique propre à en faire ressortir le véritable caractère.

Le suffrage dit universel est en réalité un suffrage restreint, puisqu'il ne saurait être exercé par les

femmes, les mineurs, les militaires en activité de service, certaines catégories d'indigènes. On est arrivé ainsi à constituer un véritable pays légal, dû à un suffrage restreint par la loi et non par la nature, à moins que l'on ne veuille considérer la plus belle et la plus intéressante moitié du genre humain comme irrémédiablement mineure, ou comme l'étant à titre provisoire jusqu'à ce que l'homme, d'une main généreuse, ait élevé la femme à son niveau.

Notre mode de suffrage se propose de rechercher quelle est la volonté du plus grand nombre, de déterminer où est la majorité et de se conformer aux décisions de cette majorité. Mais ces décisions ont-elles une valeur absolue? peuvent-elles exercer un pouvoir sans limites? Le mot de majorité n'implique évidemment qu'une valeur relative, comme subordonnée à un fait contingent, aussi la tendance simpliste a-t-elle remplacé ce mot par l'expression de volonté générale qui manque d'exactitude. De plus elle renferme une équivoque dangereuse, car il n'y a point de réserves appréciables à faire à la volonté de tous, tandis qu'il peut y en avoir de très importantes quand il s'agit uniquement de la volonté d'une majorité.

D'où l'on voit que, lorsqu'on parle du suffrage universel comme manifestation de la volonté générale, on accepte une double fiction. La première, c'est qu'il est universel, fait inexact: la seconde, c'est qu'on place la nation en totalité derrière l'expression officielle de ce suffrage. En réalité, les deux tiers de la catégorie privilégiée de ceux qui exercent des

droits politiques pourraient être seuls représentés, et nullement le dernier tiers. Celui-ci est supprimé, dans la pensée, mais ce qu'on ne peut supprimer, c'est le fait que les majorités deviennent minorités et *vice versâ*. Par conséquent, on ne saurait mettre dans le nombre lui-même, qui est essentiellement aléatoire, le principe d'un système politique. Un tel point de vue qui me paraît absolument erroné, n'est évidemment autre chose que l'écho de la donnée générale du socialisme prétendant que l'individu est fait pour la société, et non la société pour l'individu. Le suffrage dit universel représente en apparence la société, et alors l'individu devient tout juste ce que la majorité du pays légal voudra faire de lui. Doctrine d'oppression, doctrine de tyrannie.

Lorsque la majorité est éclairée, lorsque ce qu'on appelle la volonté générale se conforme au dictamen de la raison, que la voix de celle-ci est généralement écoutée, on peut ne point trouver d'inconvénients à partir du principe de la volonté générale. Sous ce rapport, comme sous beaucoup d'autres, il est utile de tenir compte des enseignements de l'histoire. Le siècle passé qui a été appelé, non sans justesse, le siècle de la Raison, fut couronné par la Révolution française qui en proclama la souveraineté. A cette faculté maîtresse on doit la revendication des droits de l'homme et du citoyen. Mais, à vrai dire, dans sa lutte fébrile pour l'existence, la Révolution déchirée au dedans, attaquée au dehors, mise au ban de l'Europe par les monarchies coalisées, traquée comme une bête fauve dans sa tanière, fit un appel désespéré à toutes les passions ardentes et furieuses qui éclatent au jour de la bataille. Puis, l'équilibre rompu, les droits de la personne furent sacrifiés et, sous des noms différents, on revint à la tyrannie. Dans d'autres circonstances moins tragiques, du moins à l'origine, la voix de la raison a été étouffée de même par la passion du grand nombre. De l'expérience du passé, je ne veux retenir qu'une chose : c'est que la raison ou la science, la connaissance exacte de la nature et de ses lois dans l'espèce, leur application à la conduite générale des choses humaines, doivent être pesées à la balance du sanctuaire, comme dit l'Écriture, et qu'il y a péril et erreur à légitimer, sous le nom de volonté générale, ce qui peut n'être qu'irréflexion, instinct et passion de la part des majorités. De tels mobiles guidant l'existence individuelle la condamnent au malheur certain. Il n'en va pas autrement pour un peuple qui n'a ni possession de soi-même, ni vraie modération, et qui bannit de ses conseils l'esprit de calcul et de sagesse.

Nous sommes arrivés prématurément en France à l'exercice du suffrage restreint dit universel; nous y sommes arrivés prématurément, preuve en soit l'aventure impériale et les maux dont elle a été suivie. Trop heureux si nous avions retiré de nos désastres cette leçon que la souveraineté du suffrage n'est que la souveraineté du nombre, nullement celle de la raison, et que, par conséquent, on ne saurait estimer la décision de la majorité comme le critérium absolu de la justice et de la sagesse. Par faiblesse d'esprit et, sous l'influence des traditions catholiques, n'allons point échanger l'infaillibilité d'un tribunal religieux pour l'infaillibilité d'un tribunal politique appelé le grand nombre. L'adoration béate est aussi peu admissible dans un cas que dans l'autre. J'ai déjà signalé une tendance fâcheuse entre toutes, qui est de se prosterner devant le nouveau maître, le Dieu du jour. On cherche à lui faire sa cour, on le flatte sans vergogne. Or qui flatte ment, qui adule trahit.

Le suffrage dit universel est chez nous, comme partout où il existe, un fait légal, établi par la loi dans des limites déterminées. Ce n'est point un droit naturel, puisqu'on n'en fait point profiter toute créature vivante; c'est un droit écrit susceptible de modifications. En 1848, il fut inauguré en France, dans certaines conditions. Ces conditions sont-elles les meilleures? Nous avons, sans doute, une tradition héroïque ou de demi-dieux remontant à la première République, mais il n'en est point encore tout à fait de même pour les hommes de 1848 que nous avons connus et vus à l'œuvre. La tradition embellie de légendes n'a pas eu le temps de se fixer. Eh bien! la loi du suffrage ne peut-elle être soumise à la critique? Il n'y a aucune raison valable de penser qu'une improvisation aussi soudaine que celle-là ait été constituée, dès l'origine, d'un manière parfaite. Il y a même présomption légitime du contraire, car le temps et l'étude ont fait certainement défaut.

Comment se fait-il que le peuple français paraisse attacher tant de prix à la constitution présente du droit de suffrage que toute tentative d'en modifier le fonctionnement ait été frappée de stérilité? Un premier motif d'explication est la clarté, la simplicité de cette constitution qui répondent à certains besoins de l'esprit français. Un autre motif est qu'elle se prête à faire régner exclusivement la volonté du grand nombre, en supprimant l'expression de celle du petit nombre qui doit non seulement obéir, mais encore se taire. Donc satisfaction pour l'instinct autoritaire, autocratique de la nation. Enfin le suffrage est dit universel, ce qui n'est point vrai, mais la chose répond à l'instinct égalitaire. On prend donc le mot pour la chose, fait très ordinaire chez le peuple français, et on considère l'organisation actuelle du suffrage universel comme une arche sacro-sainte, véritable fondement de notre système politique.

En réalité, le point de départ profond, caché, de ce système politique, n'est autre chose que les droits de l'homme. Ceux-ci ont un caractère absolument primitif, et, comme je ne me lasserai jamais de le répéter, c'est par voie de conséquence qu'ils déterminent l'apparition du droit du citoyen, en d'autres termes de la liberté générale, fait secondaire. D'où l'on voit que tout régime politique, républicain ou non républicain, supprimant plus ou moins les droits de la personne, non seulement agit contre la nature des choses, mais encore contre la logique elle-même, puisque la liberté politique ou droit du citoyen n'existe que pour la sauvegarde et la défense des droits de l'homme. Voilà une distinction élémentaire que le jacobinisme n'a jamais pu s'assimiler complètement. Il est d'ailleurs certain que nos pères, en cherchant à s'inspirer des exemples de la Grèce et de Rome, ont pu y trouver les droits du citoyen, mais nullement la conscience positive de ceux qui sont inhérents par nature à l'homme lui-même.

La distinction que je signale est d'ailleurs implicitement et très formellement consacrée par notre législation. Nous savons en effet qu'il y a des incapables auxquels on refuse le droit de voter : les mineurs et les femmes tout d'abord. Des considérations politiques ont fait retirer le suffrage aux militaires. D'ailleurs, en thèse générale, il est manifeste que certaines conditions de niveau inférieur, intellectuellement et moralement, légitiment le suffrage restreint. Il serait extravagant de prétendre qu'il suffit de répondre à la définition de l'homme donnée par Platon : un animal à deux pieds, sans plumes, pour pouvoir voter avec opportunité et connaissance de cause. Le droit de suffrage n'est pas plus un droit naturel que la république n'est un droit naturel. — Par contre, qui pourrait contester à un être humain quelconque ses droits à la liberté de pensée, de conscience, à la propriété? A cet égard il n'y a plus ni mineurs, ni incapables, la loi est la même pour tous et la distinction essentielle que j'établis justifiée.

D'où il résulte que la tyrannie a un sens absolu et un sens relatif. Le premier consiste à refuser à l'homme, en tant qu'homme, les libertés inhérentes à sa nature. Toutes les formes possibles de gouvernement se sont rendues coupables de ce genre de tyrannie, le plus détestable de tous. C'est pour ce motif qu'on a pu considérer l'insurrection comme un droit, non seulement contre le pouvoir exécutif, mais aussi contre le pouvoir législatif, qui se serait rendu coupable de cette violation des droits de la personne. Un monarque est un tyran ou non, une chambre de représentants est une assemblée de tyrans ou non. Tout dépend ici de l'exercice de la puissance publique et nullement de l'étiquette gouvernementale.

Tel est le sens absolu de la tyrannie. Vient ensuite le sens relatif. Lorsqu'un peuple est absolument incapable et indigne de la liberté politique, est-on un tyran parce qu'on ne s'empresse point de lui accorder ce qu'il ne demande même pas d'ordinaire, et ce dont il ferait un mauvais usage? Le gouvernement devient alors forcément une tutelle de mineurs, mais la tyrannie commence quand on refuse à une nation mûre, pour la liberté politique, l'exercice de cette liberté.

La souveraineté du peuple, dont on fait tant de bruit en politique, ainsi que de sa formule le suffrage universel, n'est et ne peut être que la souveraineté limitée de l'individu. Comme le dit M. de Tocqueville : « Chez les nations où règne la souveraineté du peuple, chaque individu forme une portion égale du souverain... Chaque individu est donc censé aussi éclairé, aussi vertueux, aussi fort qu'aucun autre de ses semblables. Pourquoi obéit-il donc à la société et quelles sont les limites naturelles de cette obéissance? Il obéit à la société non point parce qu'il est inférieur à ceux qui la dirigent ou moins capable qu'un autre homme de se gouverner lui-même ; il obéit à la société parce que l'union avec ses semblables lui paraît utile, et qu'il sait que cette union ne peut exister sans un pouvoir régulateur [1].

[1] *Démocratie en Amérique.*

Le principe économique est l'individu, le principe religieux est l'individu; corrélativement le principe politique est également l'individu. Admettre le nombre ou la collectivité serait supposer un contre-sens, un défaut d'harmonie absolu dans la nature des choses. D'où l'on voit que le suffrage, dit universel, ne peut afficher aucune prétention à une valeur absolue que la raison humaine elle-même ne saurait certainement point toujours réclamer. Il n'est en lui-même qu'une approximation, un moyen de consulter le pays sur ses intérêts et sur la direction qu'il prétend leur imprimer : toutes choses de caractère variable et contingent. Or, non seulement il n'est pas bien sûr que la majorité soit toujours éclairée, mais encore la minorité est composée, elle aussi, d'hommes et de citoyens, c'est-à-dire d'individus ayant des droits à exercer. Il y a donc nécessité d'apporter des tempéraments, de la modération à l'emploi non de ce principe, mais de cet instrument politique appelé par nous suffrage universel; nécessité imposée dans le double intérêt de la vérité, souvent méconnue par le grand nombre, et de la justice qu'il refuse volontiers à l'individu et au petit nombre.

Je viens d'indiquer le rôle et la part de l'individu dans le régime politique, en me plaçant à un point de vue rationnel. C'est dans la raison aussi que la personne morale, si elle veut tirer un bon parti de son existence, trouve la règle de sa conduite privée, et non dans un aveugle laisser-faire des tendances instinctives. Il n'en va pas autrement pour la vie politique des peuples. Or, si la raison ou l'intelligence éclairée détermine le droit et ses conditions d'exercice, si elle doit en inspirer le fonctionnement, c'est donc elle qui est vraiment la souveraine et non une collectivité petite ou grande, toujours faillible et trop souvent passionnée. La souveraineté de fait n'est point la souveraineté de droit, et quand la Révolution française a proclamé la souveraineté de la raison, elle n'a point aboli les droits du peuple, mais a montré à celui-ci l'idéal à poursuivre : le progrès dans l'intelligence et par l'intelligence.

En démocratie le principe d'autorité ne saurait donc reposer sur le nombre, comme se l'imaginent les jacobins et les socialistes. Pareille croyance est la plus essentielle et la plus dommageable de toutes les erreurs. Je la signale spécialement comme très répandue en France. Le nombre doit s'appliquer à la réalisation, non de ses caprices et de volontés sans frein, mais du droit particulier et des intérêts communs. En dehors de cet objectif, malgré leur autorité légale, les décisions des majorités manquent de toute valeur rationnelle et morale. D'autre part l'autonomie de l'individu, principe du système politique, n'est autre chose elle-même que l'autonomie de la raison et non celle de la volonté propre.

Bordeaux. — Imp. G. GOUNOUILHOU, rue Guiraude, 11.

www.ingramcontent.com/pod-product-compliance
Ingram Content Group UK Ltd.
Pitfield, Milton Keynes, MK11 3LW, UK
UKHW020312180726
13839UKWH00001B/443